サイゼリヤ元社長が教える年間客数
2億人の経営術

萨莉亚经营术

年客流量 2亿人次 的奥秘

萨莉亚前社长
[日] 堀埜一成 著

商磊 译

机械工业出版社
CHINA MACHINE PRESS

SAIZERIYA MOTO SHACHOU GA OSHIERU NENKAN KYAKUSUU 2 OKUNIN NO KEIEIJUTSU.
Copyright © 2024 by Issei Horino.
Originally Japanese edition published by Discover 21, Inc., Tokyo, Japan.
Simplified Chinese Translation Copyright © 2025 by China Machine Press.
Simplified Chinese edition published by arrangement with Discover 21, Inc. through Hanhe International(HK) Ltd. This edition is authorized for sale in the Chinese mainland (excluding Hong Kong SAR, Macao SAR and Taiwan).
No part of this book may be reproduced or transmitted in any form or by any means, electronic or mechanical, including photocopying, recording or any information storage and retrieval system, without permission, in writing, from the publisher.
All rights reserved.

本书中文简体字版由 Discover 21, Inc. 通过 Hanhe International(HK) Ltd. 授权机械工业出版社在中国大陆地区（不包括香港、澳门特别行政区及台湾地区）独家出版发行。未经出版者书面许可，不得以任何方式抄袭、复制或节录本书中的任何部分。

北京市版权局著作权合同登记　图字：01-2024-5618 号。

图书在版编目（CIP）数据

萨莉亚经营术：年客流量 2 亿人次的奥秘 /（日）堀埜一成著；商磊译 . -- 北京：机械工业出版社，2025.3. -- ISBN 978-7-111-77768-7

Ⅰ . F733.136.93

中国国家版本馆 CIP 数据核字第 20254WT743 号

机械工业出版社（北京市百万庄大街 22 号　邮政编码 100037）
策划编辑：孟宪勐　　　　　　　　　责任编辑：孟宪勐　刘新艳
责任校对：赵玉鑫　马荣华　景　飞　责任印制：张　博
北京铭成印刷有限公司印刷
2025 年 5 月第 1 版第 1 次印刷
147mm×210mm・6.75 印张・1 插页・98 千字
标准书号：ISBN 978-7-111-77768-7
定价：69.00 元

电话服务　　　　　　　　　网络服务
客服电话：010-88361066　　机　工　官　网：www.cmpbook.com
　　　　　010-88379833　　机　工　官　博：weibo.com/cmp1952
　　　　　010-68326294　　金　　书　　网：www.golden-book.com
封底无防伪标均为盗版　　　机工教育服务网：www.cmpedu.com

目 录

推荐序一
推荐序二
译者序
前 言

❶ 第 1 章

从"这也没有,那也没有"开始:
从创业初期开始传承的萨莉亚的DNA

没有挣钱的想法	2
没有跟其他公司攀比的想法	3
用保温瓶盛汤	5
没有做记录和保留修改痕迹的习惯	7
没有新人培训机制	8
没有连接公司总部和门店的指令系统	9
全部都是"为了人"	11
定价没有根据	12
在购物中心胜出	14

产能高，才能实现密集型开店战略	15
成长中的公司必须逾越的壁垒	16

第 2 章
进公司后才明白萨莉亚的真相：
农业、工厂、产品企划、门店运营

突然交给我一座山	19
开山劈石，挑战生菜种植	21
经过推理研究种大米	23
提升农业机械的产能	25
将零散的农家联合起来成立"生菜工厂"	26
生菜也要在味道上获胜	28
在神奈川工厂生产预制生菜	29
米兰肉酱焗饭使用印度香米的理由	30
建造占地面积大的澳大利亚工厂	32
白色酱料掌握着萨莉亚的命运	33
萨莉亚的白色酱料不会让人胃部有灼热感的原因	34
在菜品企划部思考菜单的构成	36
成为管理 100 家店的事业部部长	37
减少开店准备工作和利润直接相关	39

第 3 章

不是土生土长的员工，"空降"的总经理：
颠覆以往的常识

深陷"总经理恐惧症"的 3 个月	43
启用禁用的电视营销，一口气还上了所有借款	45
"除了理念，全都要换"	47
每年进店客人数要达到人口数那么多	49
使用范式图明确业务领域	51
从现场提拔人才的人心掌握术	53
构建组织的第一步——从培训开始	55
走遍日本全国挖掘人才	56
厨房的面积减半	58
变成跟着项目动起来的组织	59
把经验写在纸上留下来的文化	61
计算每种菜品的利润	63
组织文化的改革花了 10 年	65
"霸气总裁"和"收银大爷"	66
不排挤老员工	68

🔴 第 4 章

萨莉亚的"不服输战略":
理所应当的事做到理所应当地好

不关注竞争对手,只关注顾客	71
"理所应当的品质"理所应当地提供	73
不依赖"偶然性",彻底贯彻"无论何时都是同样的品质"	75
连锁店不需要出类拔萃的人才	76
卖得最好的汉堡却不是最好吃的	79
蔬菜在进货的时候很难把控重量	81
搭建全部门可以相互交流的信息系统	82
持续投资的意义	83
粉末类工厂和液体类工厂是完全不同的	85
店里的空调制冷不给力,看是不是因为缺乏常识	87
服务业的产能提升不上来的理由	88
废除只会给别人下命令的"××长",建立扁平化组织	89
绝对不能让员工型的人当领导	91
在检查表上画个勾的工作谁都会做	92
区域经理不是高级职位	94
用有期限的项目改变对工作的态度	95
不让员工用耍诡计的方式出类拔萃	96

98 第 5 章

开发下一个"米兰肉酱焗饭":
爆品的研发方式

对于"好吃"的不同定义	99
反复试吃后了解了"萨莉亚的味道"	101
菜品使用刚摘的蔬菜	103
要让好吃的蔬菜更便宜、品质更稳定	104
食材方面也要迎难而上,不断改善	106
被誉为"餐饮界的优衣库",所以可以做很多事	108
直到做成了白酱的阿马特里切意面	109
阿马特里切成了意大利中部地震的受灾地	110
找寻大家都不知道的意大利料理	112
被改造为日本风味的料理成了畅销品	113
世界各地都开启了餐饮的本土化改造	114
"意面必须有嚼劲"的说法已经不合适了	117

119 第 6 章

萨莉亚为什么能够被中国市场接受：
出海的成功案例

在上海昏暗的巷子里悄悄开了 1 号店	120
开到 20 家店还是赤字后的觉悟：忍耐	122
驱逐过分模仿的复制店	123
独资进入中国的理由	124
选择二流地段就是便宜的开始	125
高速运转的"关店然后转移"	127
不固定价格，根据通胀做细微的调整	128
为培养下一任总经理而开发的职涯系统	130
让员工趁年轻去积累国外工作经验	132
为了不被别人说"这个家伙到底是来干什么的"	134
有逻辑地说服对方	135
在中国的第一个工厂选在了广州	137
日本的成功模式很少适用于国外	138
如何制作"黑匣子"以防止技术被盗	140
关于管理费是怎么考虑的	141

第 7 章

保障员工的安全是第一位的:
东日本大地震和新冠疫情的危机管理

地震发生前的防灾训练	144
东日本大地震中一个受伤的员工都没有	145
从智利的铜矿坍塌事故中学到的	147
有可做的事情,人就会保持正能量	149
开始在被海啸侵袭过的地里种番茄	150
在受灾地开店,创造了新的就业机会	152
最早开始应对新冠疫情	153
保护员工免于感染	155
手写点餐和手机扫码点餐相结合的方式	156
公司不能提供让人犯罪的机会,不要让员工成为犯罪分子	158
保护员工,不保护总经理	159
"开什么玩笑"发言的真相	160
为什么餐饮界没有发声的能力	161
无边界的思考	162

后　记　回顾 13 年的总经理生涯

推荐序一

从萨莉亚到米村拌饭,我的餐饮思考与实践

我第一次接触到萨莉亚是在 2020 年。那一年,因为新冠疫情,餐饮业迎来了至暗时刻,许多从业者被突如其来的变化打得措手不及。当时我还在东北,米村拌饭在稳健发展中开出了 100 多家店,但我始终觉得,米村拌饭的发展才刚刚开了个头。

那几年里,我频繁地向餐饮前辈,向全球各行各业能够穿越周期的顶尖公司学习,我希望能够从优秀企业的经验中找到关于米村拌饭的答案。

一次偶然的机会,经朋友介绍我知道了萨莉亚,

那时它在中国的知名度还远不及现在。我专门去上海考察了三四家萨莉亚门店，发现它们在商场的位置一般，装修也很普通。但我看到它菜单上的菜品种类繁多，菜品价格低到超出想象，而且仅几位服务员就能实现有条不紊的餐厅管理，这不禁引起了我的思考：这到底是怎么做到的？

学习萨莉亚最好的方式，就是近距离地观察它。于是，我去萨莉亚门店考察并访问萨莉亚的工作人员，这让我第一次直观地感受到了萨莉亚的神奇之处。

首先，我了解到萨莉亚的门店员工并不多，是因为每个操作的步骤都可以被拆解得很细，只要按照标准化的流程来，每个人都可以独当一面。也就是说，沙拉岗、意面岗、比萨岗、小食岗、洗碗岗，还有前台的服务岗……一个人就可以胜任几乎所有的岗位。

当时我还观察过萨莉亚员工洗碗的过程，餐具的种类不多，而且形状规整，便于摆放和操作。在洗碗流程上，萨莉亚统一规定了怎么快速刷洗、浸泡等。目前在中国餐饮企业，还没有一家餐厅能做到这种程度。

其次，我也从中观察到了萨莉亚的管理逻辑，包括员工招聘与储备、订货管理、排班管理以及食品安全管理等操作层面的内容。萨利亚的订货管理特别厉害，通过日复一日的数据分析，每家店都可以实现当天采购的原材料次日全部用完；还有萨莉亚的排班管理，可以精确到每个时间点需要多少员工。

当时，米村拌饭的产品结构和门店模型依然相对复杂，而且正值门店扩张瓶颈期，所以我支持公司核心高管都去萨莉亚学习。我们借鉴了萨莉亚流水线式厨房动线设计和用工模式，从而提升了米村拌饭的标准化程度和品质，扩张速度得到了大幅提升。2020年，我们正式开启了"五年百城千店"的计划，结果只用了三年，我们就提前完成了这个计划。

米村拌饭对萨莉亚的学习并没有止步于此。后来，我还专门找了咨询公司针对日本的萨莉亚进行研究，发现日本萨莉亚的供应链从原材料种植、工厂加工到门店操作效率，乃至组织形式，都很出色。

在这个过程中，我有幸听萨莉亚原总经理堀埜一成老师分享了一些在顾客体验、产品、效率、供应链等方面的见解，通过与他交流，我对餐饮业有了更深入的理解。

此后我又单独请堀埜一成老师到米村拌饭企业内

部做诊断，涵盖商业模式、组织人才培养、供应链设计等方面，这对我们帮助很大。

在此之前，我也研究过麦当劳、肯德基，但是它们主要做汉堡，而且没有前厅服务，客人点完餐就端走，也不用餐具，和米村拌饭的朝鲜族餐模式不同。而萨莉亚不一样，它有焗饭、意面，还有铁板、砂锅等，用到很多餐具；客人的点餐方式也和麦当劳、肯德基不同，它的模式更像西餐简餐，需要提供优质的顾客体验，这一点跟米村拌饭更接近。

萨莉亚的创始人正垣泰彦还说过这么一句话，"我认为，在食材上花费足够的成本，不过分计较毛利润，把利润回馈给顾客，门店才能长久经营下去"。这句话给我留下了深刻的印象，让我更多地在食材上下功夫，努力为顾客提供品质更优、更新鲜的食材。在我看来，中餐口味众多、众口难调，相较于"好吃"这个模糊的标准，优质的食材是更容易被大众所接受并感知到的，这也是米村拌饭努力的方向。

所以，在餐饮品牌里，萨莉亚对米村拌饭的影响可以说是"最大之一"。

但实践起来，最难的是管理层面，包括订货管理、排班管理等。米村拌饭已经开始通过数字化去进行门店管理，但要做到萨莉亚那种程度，还需要更长时间的积累，而且还得看店长的能力，数字化只是辅助，需要把数字化和人的能力结合起来，所以我们非常重视店长能力的培养。

我认为，越是艰难的市场环境，就越需要沉下心来学习先进的经验。对比中日两国的餐饮业，日本在泡沫经济破灭后的30年里，餐饮业进入了微利时代，各家品牌也很卷，只有少数下足真功夫的实干家能够成功从中跑出来。

相较之下，今天的中国餐饮业告别了水大鱼大的高速增长期，现在到了我们需要重新审视餐饮业的发展方向、重新思考如何能给顾客创造真正价值的时刻。在我看来，只有真正地在餐饮运营（比如供应链、组织架构、门店顾客体验等方面）下功夫，而不是大手笔地花钱去做营销，才能让企业走得更长远。

企业要穿越周期，就要思考能给顾客带来什么样的长期价值。可口可乐好喝不贵，优衣库好穿不贵，萨莉亚、麦当劳、开市客等也都有类似共性——做与民生相关的基本款产品，提供高品质的产品。对于餐饮品牌来说也是如此。

2024年,购物中心的客流量下滑,消费者的餐饮消费额一缩再缩。要在存量市场中争取更多消费者,就需要我们多关注消费者需求,不被短期利益诱惑,始终坚持长期主义。

在未来,我想让米村拌饭开遍全国的每个城市,在运营和供应链管理上,我们还要更多地向萨莉亚学习。我也由衷地希望,堀垫一成老师的这本新书,能为更多的餐饮从业者带来新的思考。

周强

米村拌饭创始人

推荐序二

萨莉亚的时代意义

近几年,中国消费市场尤其是餐饮市场面临着种种压力和挑战,关于这一点,我相信很多身在其中的从业者都比我更有体会,在这里就不再赘述了。

大环境变化,消费者的钱包收紧,但在这个风向转变的节点上,萨莉亚却突围出来,它在中国市场连年增长、拓店,不仅成功实现了扭亏为盈,还是公司的主要利润来源。这或许让很多人都感到不可思议。

但在我们看来,萨莉亚的成功并非一朝一夕之功,而是一个长期努力下的必然结果。

2020年的秋冬，我们预测新冠疫情之后餐饮市场将经历大洗牌，连锁化率会显著提升。基于这一判断，我们开始关注日本餐饮品牌萨莉亚。

过去几年，得益于遍布全国的购物中心和社区，中国的餐饮连锁有了现实土壤，以大单品为核心的餐饮连锁品牌成了连锁餐饮的主力。与这些依赖单品销售的餐饮模式不同，萨莉亚提供从前菜到甜品的完整正餐解决方案，我们认为，这也是一种更契合中国市场需求的方式。

从那时起，我们投入大量时间研究萨莉亚，并访谈了多位资深专家。随着研究的深入，我们逐渐理解了萨莉亚在日本餐饮行业的独特地位。

日本餐饮行业长期以来被视为"黑暗大陆"，由于高度依赖服务，其市场始终缺乏科学、有效且可规模化的商业模式。20世纪90年代后，日本家庭年收入下滑，而人力成本却因少子化和劳动力短缺不断攀升，令餐饮企业面临需求下降与成本上升的双重压力。日本餐饮行业因此进入了残酷的洗牌期：1996～2022年，日本的注册餐饮行业法人数量减少了30%以上；2011年，日本餐饮行业规模触底时，相较于1997年的最高点已经缩减近两成。

在这一严峻环境下,萨莉亚的极致性价比,展现出了极强的杀伤力,令它在餐饮行业洗牌中脱颖而出,实现了逆势扩张:从20世纪90年代到2020年,萨莉亚的焗饭价格从30元降至18元,意大利火腿从36元降至18元。日本的门店规模却在10年内实现了从50家到600家的高速增长。

在高速狂奔的过程中,萨莉亚不断强化"物美价廉"的品牌形象,但也经历过"野蛮生长"的阵痛。1998~2003年,萨莉亚以年均新增100家门店的速度快速扩张,单店收入却从1.3亿日元下降至9000万日元。问题的根源在于人才储备不足、管理体系不成熟、供应链尚不完善。

本书作者堀埜一成于2000年加入萨莉亚,并在2008年开始担任总经理。他主导了萨莉亚从粗放增长到正规化管理的全面转型,其长期的战略规划与投入,使萨莉亚在今天实现了更高水平的发展,并成功拓展了中国市场。

在堀埜一成看来,萨莉亚的核心竞争力包括三点:低成本运营,安心、不难吃的食物,刚刚好的环境及服务。

出于对这三个核心竞争力的坚持，萨莉亚在经济低迷的环境下实现了超额增长：截至2024年8月财报，萨莉亚收入达2245亿日元（同比增长22.5%），净利润达81亿日元（同比增长58%），市值达2500亿日元。

截至2024年，萨莉亚在全球拥有1569家门店，其中日本本土1038家，中国及亚洲其他地区531家。中国市场不仅贡献了660亿日元收入，而且中国市场贡献的利润占集团利润的80%，这凸显了萨莉亚模式在中国的强大竞争力与商业价值。

今天中国的餐饮业也进入一个新时代，一方面是餐厅的供给相对过剩，竞争激烈，人均餐厅保有量世界领先；另一方面消费者变得聪明了，追求"质价比"。过往的野蛮增长和粗放运营已经不再适合今天中国的餐饮环境，兼顾顾客体验和门店效率的品牌才有机会胜出，活得长久。

萨莉亚的经验，至少给中国的餐饮从业者带来以下几个重要的启示。

（1）持续迭代，不断优化门店运营。中餐的繁多花样和区域差异加剧了人员管理的难度和挑战，如何把非标准的工作标准化，提高员工效率的同时又能增强员工的满足感,是中国餐饮品牌的普遍困惑。

萨莉亚的高人效来自对运营标准的持续优化。例如在门店清洁工作上,通过改良拖把和优化清扫动线,把本身需要60分钟的开业清洁工作缩短至30分钟。按照上千家连锁店的规模计算,每家店节省30分钟会带来显著的效益提升。

(2)如何在降低成本的同时保证菜品品质和顾客体验?预制菜在今天成了敏感话题,但供应链的标准化是大势所趋,也是食品安全的保证,消费者不是拒绝标准,而是拒绝一味追求标准和效率带来的品质和体验下降。

对此,萨莉亚的解决方法是通过技术革新,不断简化食材的操作流程,同时保证美味。例如,萨莉亚的意大利面最早使用了干面,需要门店使用专用的煮面设备定时加工,缺点在于耗时且出品不稳定;2000年,萨莉亚改用冷冻面,这一改良让厨房减少了煮面设备的数量;到了2005年左右,冷冻面改为了冷鲜面,进一步简化了操作流程,同时也提升了菜品的口味和鲜度,兼顾了效率和顾客体验。

(3)在供应链上游持续进行产业深化。为了提高农场端的栽培效率,萨莉亚积极介入农产品的品种开发。比如,萨莉亚在沙拉所需的生菜上进行了改良,普通生菜由于菜心大,单个生菜只能做出 2~3 盘沙拉,于是萨莉亚开发了"萨莉亚 18 号"这一新品种,缩小菜心,单个生菜可以做出 5~7 盘沙拉。

对于今天中国的餐饮从业者而言,萨莉亚无疑是一本极具参考价值的教科书。学习萨莉亚,不仅需要学习它对效率的极致追求,满足消费者的"质价比",同时也要学习萨莉亚对消费者的持续关怀。

萨莉亚的创始人正垣泰彦曾说过,"连锁的本质并不是要做出生意多么兴隆的店铺,而是要做出销售额平平,但仍可以产出足够多利润的店铺"。这一点,在所有人都在高呼"活下来"的年代里,显得尤为重要。

常斌

启承资本创始人

译者序

虽然萨莉亚是一家被高度关注的餐饮企业,但是这本书可以说是任何一个行业的企业管理者都可以借鉴的经营指南。本书的作者堀埜一成老师虽然是萨莉亚的总经理,但是他对萨莉亚的贡献和创始人一样举足轻重。

我在从事日本商务考察,助力中国企业出海的10年间,合作过的日本老师不胜枚举,堀埜一成老师可以说是最特殊的一位。或许是因为堀埜一成老师在味之素微生物和食品专业上的研究经验和在萨莉亚期间从最基层做起的特殊经历,这些将其打造成了一位少有的既有理论又有实践,既有战略又有战术的"六边形老师"。无论是为中国的商务访学团演讲时，还是为中国的企业指点迷津时，无一不展现出堀埜一成老师在企业管理和培训指导方面的游刃有余和丰富的经验。

堀埜一成老师就任总经理的时候，萨莉亚只有800多家门店，在他掌管萨莉亚的第10年，门店的数量达到了1500多家，除了店铺数量的倍增，更为重要的是，堀埜一成老师推动萨莉亚从一个依靠创始人"一拍脑门"做决策的初创企业转型为年客流量达到2亿人次，营收和利润均持续同比增长的成功的连锁餐饮集团，可以说，正是堀埜一成老师的出现才使萨莉亚真正走进了连锁经营的时代。

由于工作的特殊性，我有幸结识了很多中国优秀的创始人企业家。经常有老板会抱怨自己很累，公司的大事小事都要亲力亲为地进行审批，最后导致公司的功能失调，组织发展节奏变慢，老板本人力不从心，甚至最后成了组织发展的最大瓶颈。

我和足力健的创始人张京康先生私交颇深，当我把这本书的概要讲给他听的时候，他感叹道："如果我们在新冠疫情前能够遇到这样一位职业经理人的话，足力健会上升到另一个层面，我们关于银发产业的研究和相关项目的推进或许可以走得更加顺利。现在只能靠我这个创始人反观过往，认识错误，加以调整。"确实，在企业羽翼未丰的时候需要创始人有强烈的目标感和无底线的奉献精神，这两点大多数企业的创始人都可以做到。但是当企业发展到一定规模的时候，伴随外部环境的不断变化和组织自身的成长，如果不创新，仍然延续创始人摸索出来的成功模式，显然是行不通的。

或许萨莉亚的创始人正垣泰彦先生也感受到了同样的困境而启用了职业经理人，以此来推动企业向更高更远的阶段发展。堀埜一成在就任总经理的发布会上，面对台下的媒体说："除了理念，我全部都要换。"坐在旁边的正垣泰彦先生听到这样略带挑战甚至讽刺意味的豪言壮语后莞尔一笑。能有如此胸怀和胆量的企业创始人犹如昆山片玉一般，真是不多见。当然，正垣泰彦先生除了给予了堀埜一成一个自由展示的舞台，更重要的是给予了他一段从开荒的"农民"到企业的"掌舵者"、从研究"一粒米"到揣摩"一群人"的重要经历。

或许很多人难以相信，萨莉亚在拥有800家门店的时候，还是个没有成本核算、没有统一标准、没有任务，更没有培训机制的，靠口口相传干活的师徒型企业。能够发展到 800 家门店实属奇迹。但是，作为一个企业，不能总是靠风口，想要延续奇迹还是要靠科学的管理。所以，堀埜一成从就任总经理的第一天起就明白，夯实萨莉亚的组织架构地基：完善基础建设是他的使命。这本书描述了他如何用颠覆常识的方法花 10 年的时间成功打造了萨莉亚的组织文化，让原本只靠创始人"一拍脑门"管理的企业成了一个生态型企业。

这本书毫无保留地揭露了萨莉亚在"野蛮"生长阶段发生的问题，以及作为掌门人的堀埜一成如何从农业下手，兴建工厂，参与菜品企划，对门店现场精益改善，这些不仅让萨莉亚可以持续做到低价格，更重要的是，让萨莉亚实现了高利润，打造出了业界独一份的餐饮 SPA 模式。堀埜一成老师不仅将自己的管理经验、常用的工具模型、作为管理者不同时期的不同心态在这本书中全部呈现给读者，还在书的末尾向餐饮企业公开了自己在萨莉亚任职期间研发的一款厨房用排水系统。堀埜一成老师说，在李欧·李奥尼所作、谷川俊太郎翻译的绘本《小黑鱼》中，Swimmy 虽然是一条条很小的鱼，但是像这样的小鱼聚在一起装成大鱼游泳，也能对抗大鱼。同样，虽是同业者，但如果齐心协力，就能发挥出更大的力量。市场竞争虽然是正常的，但只守着一小块蛋糕没什么意思，与其打消耗战，最后大家陷入疲惫的内卷，那还不如相互合作，把蛋糕本身做大。消除竞争壁垒，携手合作，这就是橄榄球中的"no side"（无边界）思维方式。有意思的是，这种思维方式也得到了足力健张总的认可，因此他决定公开自己几十年对银发产业的研究，打开足力健的大门，迎接所有对足力健爆品感兴趣的客人。我也极其有幸地成了足力健企业游学项目的策划人。除了带领大家前往日本学习，我们还打开了一扇向国内优秀企业学习的窗口。另外，为了提高大家的学习效率，我们又开启了"拆解日本商业书籍"的视频号，像堀埜一成老师学习，不遗余力地为中国的企业传递有价值的商业信息。

如果你是一位企业的经营者，那么这本书可以让你学到很多反常识却好用的管理方法；如果你是一位产品研发人员，那么这本书会帮你打开创造爆品的思路；如果你在经营一家小店，那么这本书会告诉你让你的效率大大提升的精益管理的方法；如果你只是一个喜欢吃的食客，那么这本书也会给你一个将萨莉亚收藏进自己的必吃清单的理由。

在这本书的翻译过程中，我不仅对萨莉亚的成功有了全新的解读，更对企业创始人的角色有了新的思考和定位。最后，我要感谢堀埜一成老师和机械工业出版社编辑的信任，感谢一直以来支持和关注我的企业家朋友们。

商磊

2025 年 2 月于北京

前言

萨莉亚为什么总会引起热议

"第一次约会怎么可以去萨莉亚呢?"

"是呢!真是难以想象!竟然把第一次约会安排在萨莉亚这么便宜的餐厅!"

这样的对话大家应该不太陌生吧?因为我们经常会在 SNS(社交网络平台)上看到。每当 SNS 上出现这种话题,就会引发热议,然后很多人都会在下面留言:"在萨莉亚约会有什么不好的?有什么不行的?"留言中一出现这样的对话,一下子就会把话题炒热。

每当看到这种事情发生,我真是打心底里表示感谢。在正常的认知中，约会选择的餐厅应该是那种"高级"餐厅，因为特别的日子需要一个有仪式感的"舞台"。那些觉得约会去萨莉亚简直"难以想象"的人，是认为萨莉亚属于低端的餐厅。不过，觉得萨莉亚低端也没错！萨莉亚本来就是那种随时都可以去的餐厅！这也是萨莉亚对自己的定位。

曾经还发生过这样的事情，有两个高中女学生边走边聊：

"我们去哪里呀？"

"要是没别的地方，就去萨莉亚也不错！"

我听到这样的对话，也很开心！"没别的地方，就去萨莉亚"，挺好的呀！至少萨莉亚不招人讨厌啊！

网上还有这样的争论，认为便宜没好货的一类人会说：

"300日元不可能吃到美味的意大利料理。"

萨莉亚的拥护者马上就会反驳道：

"真是个只看价格就评价味道的外行。"

"实际吃过之后就会明白。"

在这样一来二去的争论中，不知不觉中，"萨莉亚不好吃"的评论就渐渐消失了。

这就说明，参与评论的不仅有想贬低萨莉亚的人，还有萨莉亚的拥护者，也就是那些真心支持我们的人。支持者之所以会努力地反驳，理由很简单——谁都不喜欢自己经常去的餐厅被别人说三道四。

在这些评论中，不会有任何萨莉亚公司的人介入。萨莉亚认为，只要公司一干涉，热度就会降低甚至消失。我们把这种讨论看作萨莉亚拥护者的一种娱乐休闲的方式，所以公司决定就让这些拥护者尽情地玩吧！

出现了很多非官方账号

萨莉亚努力想要打破大众心中关于"意大利料理很贵"的认知，因为萨莉亚创始人正垣泰彦的创业初衷就是：让大家不分贵贱，平等地享受美食。也是源于这个初衷，萨莉亚的价格定位就是：只需1000日元（约人民币48元）就可以享用一桌子的意大利美食。

有一段时间，日本很流行一种说法——"千元醉"，也就是说，只花1000日元就可以尽情吃喝。为了让大家开心地花1000日元在萨莉亚吃饭喝酒，网上竟然还出现了一个有关萨莉亚的抽选游戏。点击写着"转动"

两个字的文字框，就会出现只花 1000 日元就可以吃的萨莉亚料理组合。这可不是萨莉亚官方的营销手段，而是完全非官方的个人行为。如果萨莉亚的菜单更新了，那么这个千元菜单也需要随着更新。所以在我看来，做这个事情的人也真是挺辛苦的。

在 X（Twitter）上也是，高中生制作的"非官方萨莉亚"的账号也上了热搜。本来是学校的一个关于开设自媒体账号的作业，这个高中生以萨莉亚相关的各种内容为话题，创建了自己的账号。比如，他制作了将萨莉亚的菜品重新组合后的新菜单，另外他还制作了"萨莉亚的布道书"，没想到，初衷只是完成学校的作业，结果账号的内容在网上被疯狂传播。

像这种非官方团体的活动，公司完全不会干预。从品牌管理的角度来说，有的公司是会禁止或干涉这样的行为的。但是，如果公司内部的人出来对其指手画脚，就会给这些人一种被操控的感觉，反而会打消这些人的积极性，让他们失去动力，所以，萨莉亚不做任何干预，也绝对不会说"停止"。所有社交网络上的讨论，都会交给萨莉亚的支持者自由发挥，他们炒得再怎么热，哪怕"着火"了，我们也不会干预。

米兰肉酱焗饭成了价格和味道的衡量标准

不管是在家庭餐厅还是在快餐厅,经常可以听到有人讨论萨莉亚。以下这样的讨论是不是经常会听到:

"这个菜如果在萨莉亚,是不是会更便宜呢?"

即使是经常去的信任感和认可度比较高的店铺,萨莉亚也会随时被搬出来作为客人评价店铺价格和味道的标准。所以,经常会出现这样的评价:"这也太贵了吧,这个价格,能吃多少份萨莉亚的米兰肉酱焗饭!"(如果你来过萨莉亚,就会知道米兰肉酱焗饭的价格是300日元。)

有些人可能听说过"巨无霸指数"。有时仅凭汇率是无法衡量某个国家的经济实力的,而用在世界各地都畅销的麦当劳巨无霸汉堡包的价格进行比较,就可以轻松衡量这个国家的经济实力。然而,在日本国内,因受到日元贬值、原材料和人工费上涨的影响,巨无霸汉堡包已经涨价好几轮了。再加上因为在市中心开店而成本更高,现在至少在日本,巨无霸汉堡包的价格是混乱的,如果突然抓一个人问巨无霸汉堡包的价格,会发现越来越多的人答不上来了。

萨莉亚的米兰肉酱焗饭的定价是含税300日元,

马苏里拉芝士比萨和鳕鱼子酱西西里风味意面的定价是含税400日元，蒜香鸡排的定价是含税500日元，这些菜品从诞生开始，价格就没有变过。所以，客人脑海中一下子就会浮现价格，再用萨莉亚的价格和其他店进行比较。然后就出现了类似这样的评价：

"这个价格，能吃多少份萨莉亚的米兰肉酱焗饭！"

"再点份意面和鸡肉，1000日元都花不了。"

像这样，萨莉亚成了衡量其他店铺价格和味道的标准，在老百姓心里获得了"能吃多少份米兰肉酱焗饭"这样的"米兰肉酱焗饭指数"的地位。

广告费是成本支出

或许大家很难相信，知名度这么高的萨莉亚，居然没有做过什么营销推广，连广告都没有做过。一般的连锁经营企业在广告费上的支出是5%～8%，然而萨莉亚却是0。人们提起萨莉亚，马上会想到萨莉亚就是"便宜餐厅"的代名词，所以菜品的价格其实就是最好的广告。

做广告省下的钱都会还原到成本里，也就是说，即使成本比其他公司高出5%～8%，萨莉亚也是完全扛得住的。广告费的钱省下了,哪怕是品质只能提高一点点,公司也会想尽办法使用更好的食材,最终把利益返还给顾客。从最初开始,我们思考问题的出发点就是:用价格和商品力满足顾客的需求。

为了实现这一目标,让萨莉亚出现在老百姓身边就变得尤其重要了。因为如果大家不来店里,就没有机会认识萨莉亚,也体会不到萨莉亚的好处。但是,最近如果要开一家新店,我们什么都不用做,也能成为当地热议的话题。可能是因为萨莉亚的拥护者会把有关萨莉亚的事情上传到类似YouTube的视频平台上,所以萨莉亚在老百姓心中的存在感增强了。

顾客体验是客人自己创造的

来萨莉亚的客人多种多样,如果来店里看一看,你会发现萨莉亚的客人什么年龄的、从事什么职业的都有。在午餐过后到晚餐这一空闲时段,高中生或者带着孩子的家庭主妇会在店里一边喝着茶,一边开心地聊天。平时,刚一开门就会有老年顾客来喝葡萄酒。晚餐时段有一起来喝酒的上班族,也有很多顾客一个人来独享小酌时光。萨莉亚还经常会出现这样的场景,老爷爷们喝着葡萄酒，旁边有一群孩子在嬉戏，而这样的场景没有任何违和感，这就是萨莉亚。

再看看停车场，不仅能看到像奔驰这样的高级轿车，也能看见小型家用轿车。萨莉亚就是没钱的高中生和有钱的富裕阶层都喜欢光顾的一家餐厅，这就是萨莉亚的魅力。

现在经常会听到一种说法，消费时代已经进入不是以物质消费为主，而是以体验消费为核心的时代。物质丰富的时代，顾客已经不会为了商品本身而花钱，而是把钱花在没有尝试过、没有特别经历过的体验上。

萨莉亚认为，公司是不可能对顾客体验进行管理的。换个说法或许会更容易理解，顾客体验是客人自己创造的。比如菜品的搭配、在社交网络上的评论，所有这些事都全权交给顾客，公司不参与。因为只有当顾客想怎么发挥就怎么发挥，没有约束的时候，才可以自己开发一些攻略，有些企业总觉得这些事情是可以管理和操控的，这么想真是太天真了。

不是投诉者，而是支持者

为什么在萨莉亚好像有不少随意吵吵嚷嚷的人？

在其他的店铺里，大家都害怕对周围的人造成影响，所以都很注意，在萨莉亚却不用担心。其一，萨莉亚门店的环境本身就是嘈杂的，这里有孩子，也有聚餐喝酒的上班族。其二，大家认为嘈杂应该是店家默许的，所以吵一点儿也没关系吧！

当然，也出现过过度影响周围顾客的客人，甚至被店员下了逐客令。但是这个人竟然说："拜托了！怎么都行，但是请不要不让我来了。"门店的常客也经常会因为环境比较吵闹而发一些牢骚，但是他们也是因为很喜欢萨莉亚才会这么直言不讳吧。

在股东会议的时候，也时不时有人跟我说，哪家店里的咖啡机很脏，什么东西坏了，等等。我一般都是按照惯例回答："明白了，我来通知负责人去处理。"这样的人其实不属于投诉的人，而是支持者。表面上看，这些人好像在发牢骚，实际上他们是想让门店变得更好的支持者。

就像足球队的支持者一样，当足球队在比赛中发挥不好时，发牢骚最多的其实都是支持者。他们会气愤地说："你们都在干什么呀！"实际上，他们骨子里是珍惜这支足球队的。当然，也会有一些实在忍受不了而离去的粉丝。对萨莉亚来说，认真批评我们的人是支持者。公司是管理不了爱戴我们的支持者的，只能努力做到最好，任凭支持者按照自己的喜好做出判断。正是将这个想法坚持贯彻至今，才有了现在的萨莉亚。

连意大利人都认可的"妈妈的味道"

公司不能操纵顾客的言行，那么公司能做什么呢？能做的好像只剩下对商品和门店的管理，所以我们全力管理好商品和门店就可以了。

真正消除人们心中关于萨莉亚"因为便宜，所以不好吃"这一印象的是一位出生在意大利皮埃蒙特的翻译——马西米利亚诺先生。马西米利亚诺先生发布到 NOTE 的一篇文章，点击量超过了 120 万次。

马西米利亚诺先生在文章中是这么说的："萨莉亚真是太厉害了！太超值了，量很大，味道也和正宗的意大利料理很接近，而且很便宜。作为意大利人的我，非常满意，有一种回到了老家的感觉。太感谢了！萨莉亚真的太棒了！"马西米利亚诺先生把萨莉亚称为"妈妈的味道"，对萨莉亚夸奖了一番。

在东京，还有一位意大利人后裔的老板，他也经营着一家意大利餐厅，这个人也是这么说的："萨莉亚的意面有家的味道。"因为不管是生火腿（我们使用的都是帕尔玛生产的生火腿，只是在写这本书的时候，为了预防家畜传染病"非洲猪瘟"停止进口了，替代它的是西班牙产的塞拉诺火腿）还是橄榄油、芝士，我们都使用了意大利本地的食材。虽然是从意大利进口食材，但我们做到了比在意大利的餐厅更低的价格。

为什么这么便宜，是怎么做到的呢？其实很简单，因为萨莉亚的采购量非常大。

意大利的餐厅大多是个人经营的，基本上没有连锁店，个体店的进货量就很有限，而萨莉亚仅在日本国内的门店已经超过了1000家，再加上国外的门店，共有1500多家（数据截至2023年8月），和那些个体店比起来，消化能力绝对不是一个级别的。

连意大利人都买不到的葡萄酒却被当作伴手礼送给意大利人

说起意大利葡萄酒的销量，萨莉亚绝对是日本第一。在日本，卖意大利葡萄酒的进口贸易公司很多，但是它们大多是中间商，并不是面向消费者的销售终端。萨莉亚却不同，从来不通过中间商进口，而是直接从意大利进口，而且进口的酒一多半在自己的门店内被消耗掉了。这样一来，进口的主导权就握在自己的手里，所以也就可以进口一些产量比较低、非常稀有的葡萄酒。

我当总经理的时候，经常去意大利考察，在当地有几个关系不错的定点考察餐厅。每次去的时候，我都会带着稀有的葡萄酒送给他们，他们都特别开心。因为是限量生产的葡萄酒，所以，虽然他们天天生活在当地，但是也很难买得到。其实这也不仅仅是靠自身的（进货能力）大量采购，更重要的是，葡萄酒商和我们的关系也很好。

萨莉亚有这样一位股东，因为特别喜欢葡萄酒，所以从来不砍价，还因此获得了一个"不砍价买手"的外号。因为不砍价，所以卖家说多少钱，我们就给多少钱进货。奇怪的是，进货价也不高。有一位叫朱塞佩·里纳迪的酿酒名师，他把我们的这位股东称为"Amigo"（意大利语"朋友"）。所以，从酿酒名师手里买点儿稀有葡萄酒就不是什么难事了。像这种深度交往的酿酒师，他认识好几位。作为买手的他，对于自己喝着不错的酒，虽然不砍价，却不喜欢把葡萄酒视为高级品，无论是采购还是自己喝，都只考虑味道而不考虑成本和利润。

很多日本人喝葡萄酒专选贵的喝，这个习惯其实是针对法国产的葡萄酒。不管是法国还是美国加利福尼亚州的葡萄酒，都是为了卖钱的酒，所以价格会很高。但是，意大利的葡萄酒是真正为了喝而存在的酒，当地人会拎着酒瓶自己去酒窖打酒喝。这份喝酒的自在感才是喝意大利葡萄酒应该有的。

物超所值的100日元一杯的葡萄酒

萨莉亚100日元（约人民币4.8元）一杯的葡萄酒，有人会觉得品质不行，是加工过的。其实大家不知道，为了能让大家喝到和在意大利一样味道的葡萄酒，在运输上我们也是下了大功夫的。

从欧洲到日本的船，必须穿过热带地区。穿越热带地区的时候，温度的上升会导致葡萄酒的味道发生变化，所以要用恒温恒湿的特殊集装箱运输，而且要一直保持恒温恒湿的状态，最后运到店里。这么费事运来的葡萄酒，我们还是只卖100日元一杯。

就是这样一点一滴的积累，渐渐获得了大家的认可。运营 Bazurecipe 网站的料理评论家龙二先生上传到 YouTube 的题为《烂醉》的视频，可以说是日本最热爱萨莉亚的菜品研究家推荐的萨莉亚使用攻略"上集"，这一视频取得了意想不到的效果。

萨莉亚店内的葡萄酒种类很多，也有特选葡萄酒店，在那里，客人会说："这么便宜就可以喝到这种品质的葡萄酒吗？"客人会产生一种发现新大陆的兴奋，所以全公司都很重视葡萄酒。

橄榄油也是意大利品质

关于橄榄油，我们也追求品质，新鲜的味道最好。新鲜的橄榄油有点儿苦和滞后的辛辣感。大家平常吃的橄榄油如果口感顺滑且温和，那就意味着存放的时间长了，但也很有可能是西班牙产的。萨莉亚提供的橄榄油都是意大利认证过的橄榄油。

萨莉亚的橄榄油是免费提供给客人的，所以会被大量消耗。也因为这个原因，翻新率很高，也只有这样才能让橄榄油保持新鲜美味。买得多，翻新就快，也就自然形成了一个良性循环。

橄榄油保存一年，味道就会改变，每年产出新橄榄油的时候，我们会拿去年的油进行比较，味道有着很大的区别，所以保证新鲜度是有意义的。

虽说橄榄油在店里是免费提供的，但是消耗得快的话门店也会很开心，因为这样就可以保证橄榄油的新鲜程度，吃到新鲜橄榄油的客人就会很高兴。也因为萨莉亚的门店多，所以自然而然就会形成一个良性循环。

这件事在日本是被业界公认的。西餐厅 Lasse 的主厨村山太一先生也称赞，"萨莉亚的橄榄油是最美味的"（出自《为什么星级厨师的我会在萨莉亚做临时工？》，飞鸟新社）。

米兰肉酱焗饭定价含税300日元的理由

萨莉亚自 1973 年创立以来已经历经了半个世纪，并且被很多顾客所认可，逐渐成长为一家规模化的连锁餐饮企业（日本国内有 1055 家门店，海外有 485 家门店，数据截至 2023 年 8 月）。招牌菜"米兰肉酱焗饭"，平均每家店每天可以卖出大概 100 份，也就是说，在日本国内一天就能卖出 10 万份。

但是，谁又能想到这么热销的产品，竟然受到过很多次便利店和冷冻食品的冲击。其实，米兰肉酱焗饭完全是萨莉亚自创的菜品，即使是意大利的米兰也没有这道菜。就像发祥于日本的那不勒斯意面，和那不勒斯没有任何关系，米兰肉酱焗饭和米兰也没有任何关系。萨莉亚把这道菜命名为"米兰肉酱焗饭"后，其他店也开始模仿相似的菜品。因为我们没有对商标进行注册，有些店里的类似菜品甚至连名字都是一样的。

虽然受到了很多冲击，但是我们完全不担心。因为要做出和萨莉亚一样的品质，而且在日本把价格控制在1000日元以内是很难的，萨莉亚却可以将价格定为含税300日元。一般的餐厅想取得价格优势，就要牺牲品质；想在味道上胜出，就控制不了价格。所以，在既便宜又好吃这一点上，萨莉亚的优势是很难被撼动的。

那么，为什么萨莉亚的米兰肉酱焗饭可以做到含税300日元呢？当然，没有广告费可以算一个原因，但实际上，还有更根本的原因。关于这个秘密，我打算在本书中揭露。了解这个秘密之后，你就会明白，萨莉亚不是"低价连锁意大利餐厅"。萨莉亚可以实现颠覆性的低价和美味,是有原因的。

从来没有见过这样的公司

到现在为止,说的都是从外界的角度看到的萨莉亚的种种不可思议,接下来我们把目光转向公司内部,你会看到更多令人吃惊的地方。

我是在2000年进入萨莉亚的,之前我在味之素株式会社做了19年的生产技术工作。所以我并不是一毕业就在萨莉亚工作,然后一级一级晋升上来的,而是从外边空降的,正因为如此,进入萨莉亚之后我遇到了很多让我吃惊的事情。

首先,没有成本核算。我刚进公司的时候,没有任何人做正式的成本核算。即使这样,竟然还能有利润!其次,没有任务指标。什么商品必须卖出去多少,销售额必须达到多少,利润率达不到多少是不行的,类似这样的规定是完全没有的。所以,权衡利弊的事情大多交给了各个门店。

这一点在盛米饭或者沙拉的量上就可以表现出来。我听说因为按照规定的量盛食物会显得小气,所以有的门店就盛 1.5 倍的量，甚至还有盛 2 倍量的门店。因为盛得少了，顾客会感觉不太够，所以会盛得满满的。这也是门店打心底里想向顾客传达"很好吃，所以请多吃点儿"的一种表现。

一般的店铺在食材接近保质期的时候，都会为了保证利润，尽量能用多少就用多少。然而，正因为萨莉亚没有销售和利润的要求，所以这种临期食材都会被扔掉。这样一来，不管什么时候都可以为顾客提供新鲜的食材，但是从另外一个角度看，也意味着会发生大量的食品浪费问题。但是，考虑应该如何解决这类问题的不应该是门店，而应该是公司总部。

用"性善说"经营的公司

还有一点让人惊讶的是，萨莉亚没有内部斗争。无论哪家公司，都会有为了升职加薪而谄媚上司的人，给竞争对手使绊的人，只是公司不同，争斗的程度不同而已。但是，在萨莉亚就看不见这些现象。为什么会这样呢？因为正垣董事长最讨厌搞这些事情。即使有人搞了，他也不会吃这一套。公司上层不吃这一套，下面再怎么内斗也没有什么意义。

我还问过一次董事长："萨莉亚为什么没有所谓站队的事呢？"董事长说："因为职位越高的人，我给他安排的活就越多。人嘛！一闲下来就喜欢搞斗争，所以让他们忙起来就可以了！"董事长经常说："我从来看不到人坏的一面。"或许因为只关注人善良的一面，所以萨莉亚很自然地就变成以"性善说"为前提的公司了。

我听说过这样一件事，在萨莉亚，以前有过拿着店里的钱跑路的人。然而过了一段时间，那个人主动回来道歉："对不起。萨莉亚把我当人看，和其他公司不一样。"他带着歉意说："能否再给我一次机会，让我在这里继续工作？"

家族三代人一直在同一家店工作

很多人都愿意为萨莉亚长期工作，这也是萨莉亚的特点。门店工作的员工以兼职和临时工为主，还有一些员工在此工作10年以上，甚至有家族三代人在同一家门店里工作的情况。这种事情发生在跳槽频繁的餐饮业，难道不是一件极其罕见的事吗！他们那么喜欢萨莉亚的门店，我们当然很开心，但是从另一个方面看，就会产生一个疑问，为什么他们不愿成为正式员工呢？

我刚刚就任总经理下店去视察的时候，问兼职的人：

"为什么不正式入职呢？"

他回答我："因为有笔试。"

"那就把笔试废除吧！"我说。

所以，兼职和临时工申请正式入职时的笔试就这样被废除了，而且入职也没有学历要求。但是替代笔试和学历的条件是：如果想成为正式员工，需要有和他们一起工作的5个人的推荐信。通过这样的入职制度成为正式员工的人，我们称为"头领社员"，这和以前的管理候补社员的录用方式有所不同。

这样一来，就会看到新员工入职留念照片中有年轻的应届毕业生，也有55岁的阿姨这样奇怪的景象。兼职员工正式入职之后，我们还会把同事给他们写的推荐信发给本人，他们都会感动得哭出来，因为他们没有想到大家这么关注和关心自己，这也更进一步加深了同事之间的感情。

面向长时间为我们工作的老员工，董事长会出让一部分股份赠予他们，这也成了退休金制度（ESOP，员工持股计划）的重要组成部分。兼职员工如果工作满20年，也可以获得100股。因为公司考虑到，这个员工已经工作了20年，那么孩子正是该上大学的年龄，因此在学费等方面的开销会增多，哪怕是兼职员工，也需要这样的储备金。当然，如果员工因为私人原因暂时辞职，100股将被收回，不过再回来工作的时候，公司会把100股还给他们。

综上所述，萨莉亚和其他的公司不一样，有很多不可思议的地方。这本书会为大家揭晓这些不为人知的秘密。通过读这本书，大家也许会更加深刻地了解到，就是靠一点一滴的积累，才创造了萨莉亚这样"神奇的公司"。

第1章

从『这也没有，那也没有』开始：

从创业初期开始传承的萨莉亚的DNA

没有挣钱的想法

在前言中提到过,萨莉亚是个没有成本核算、没有标准、没有公司内斗的"三无"公司。其实,背后隐藏着一个更大的"没有",那就是没有挣钱的想法。没有成本核算的出发点在于,萨莉亚是发自内心地想对顾客说"很好吃的,请尝一尝",所以会不计成本地希望顾客能多吃一点儿,也因此出现了给客户多盛饭的门店。在这样的店铺里,也不是没有利润,但是,对于要求严格控制成本并达成一定利润率的企业来说,萨莉亚这种"三无"+"一无"的想法是不适用的。

门店没有销售任务也是一样的道理。在前言中也曾介绍过，萨莉亚的各个门店是没有销售目标等任务的。公司没有让门店因为节省成本而形成压力，所以，谁也不会去想如何去盘活快要到期的食材，门店的工作人员不用担心是不是会因为浪费而对门店的利润造成损失，所以很轻易地就把食材扔掉了，但是作为企业的经营者的我还是很在意成本以及食品浪费问题的，不过，后来我发现，废弃过多导致浪费的根源其实是在一开始的时候把订购食材工作交给了门店，升级自动订货的程序，减少浪费本来应该是总部的事情。也就是说，尽量不要给门店太重的负担，精心核算的事情应该是由总部来操心的。

没有跟其他公司攀比的想法

萨莉亚从公司高层到下面的员工没有人有想多赚钱的想法，所以在萨莉亚就没什么人说过"跟其他公司比起来如何如何"这句话，也没什么人会说"我们应该模仿某某公司的做法""那个公司是这么走过来的，咱们也这么干呗"，等等。

为什么会这样呢？因为萨莉亚总是在干谁也没有干过的事，所以也没有前例可循。因为它从不参考其他公司的做法，所以也就不会重蹈覆辙。最后，这些使萨莉亚成了与其他西餐厅既相似又不同的一种存在。

从不分析竞争对手的行为，反而创造了与其他公司的差异化。总是看着别人做事，就会束缚手脚。如果从一开始就不关注别人，也就不会出现同质化这样的问题。既然不去看竞争对手，那我们看谁呢？当然是看顾客了。我们只关注顾客，把关注集中到一点的时候，自然而然地就不会去考虑其他不相关的事情；当关注点太分散的时候，比如把其他的家庭餐厅看作自己的竞争对手，就只会一味地琢磨竞争对手的事情，这样就会忽视顾客，那不就本末倒置了嘛。

只有在考虑如何成长的时候，才需要关注多元的信息。通过数字的比较，可以看到自己的公司在什么地方落后了，或者在什么地方超越了别人，只有在这个时候，竞争对手才会进入我们的视野，一般的时候都不会被我们放在心上。我们只需要关心顾客，顾客的需求是才是最重要的。

除了顾客的要求,重要的还有,顾客轻微不满意的背后其实隐藏着公司和门店在各个方面的脆弱。我们会真诚地去应对这些一点一滴的不满意,将这些解决之后,门店会变得越来越强。

用保温瓶盛汤

说是这么说,其实我也关注过竞争对手,因为我作为一个厂家出身的人,大脑中本来就存在可以用数字说明一切的观念,还会自然而然地和其他公司对比从而发现自己的不足,然后对基础设施进行引入和改造的工作。

虽然萨莉亚一路走来顺风顺水,但是由于组织飞快成长,很明显地显示出根基不稳的现象,很多不足的地方只是被掩盖起来了。而且,我在成为总经理之前,在产品部工作的那段时间内经常会关注其他大型家庭连锁餐厅,然后去改善我们自己的各种不足之处。

比如,萨莉亚最初是不提供午餐套餐的,但是我们无论如何都想把午餐这块业务搞起来,因为我们只有午餐时间段的业绩输给了其他家庭连锁餐厅。但是，让午餐走上轨道并不是件容易的事情，最头痛的就是午餐用的汤品该如何导入门店这件事情。众所周知，一般餐厅的午餐套餐都是包含沙拉和汤的，而且大多是自助的形式，但是，如果让客人自己盛汤，灰尘会在客人打开汤锅盖子的时候进到锅里，客人的手指也可能会不小心碰到汤，所以我一直考虑用什么样的流程或者方式去解决类似这样的卫生层面的问题。

最后，解决问题的灵感来自我在美国看见的咖啡厅里的咖啡设备。美国的咖啡厅都有一个保温性能非常好的保温瓶，我看到这样的保温瓶的时候就想：能不能用保温瓶装汤呢？我们进行了很多次尝试，主要是为攻克保温瓶生锈的问题。因为汤是有盐分的，所以以前用于装咖啡的保温瓶如果用来装汤，很快会生锈，不过容易生锈的部分并不多，加之品质保障部门的人又给了很多的建议，我们在他们的建议之下进行了改善，多亏了他们，我们成功地解决了所有问题。

用保温瓶装汤的研发，是我出任总经理之后的事情。也是因为这个问题的解决，我们开始提供午餐套餐了，这样一来，我们中午时间段的业绩也大为提升。

没有做记录和保留修改痕迹的习惯

我们再回到"这也没有那也没有"这个问题。来萨莉亚后,让我吃惊的事情除了没有成本核算,就连基本的公司相关资料这些东西都不存在。特别是在公司总部内部,连报告书都没有,更谈不上日报甚至月报了。虽然在门店和工厂内有日报,但是基本上也没有人会去看。从公司那里能看到的资料,顶多也就是个人简历而已。

虽然门店有操作流程手册,但是基本上没有人使用。当然,财务资料是法律规定必须有的。但是,如果对人事部部长说,"给我一份每一期的总公司组织架构文件",他也交不出来。因为,虽然电脑里有和公司总部组织架构相关的文件,但是伴随着每次更新,以前的文件是被覆盖掉的,所以只能看见最新的资料。

门店每天开业,每天关门。大家都习惯每天重复工作后的清零,所以大家也不会有保存文件修改痕迹的想法。公司的企业文化就是"覆盖文化"。

正因如此,就会出现日常工作中积累的经验和知识没有被保留下来的问题。这些没有被记录下来,也就没有成为公司的"书面财产"而被保留,所以也就没法教给别人。萨莉亚是一个所谓的"看着我做,记住它"的老套的师傅带徒弟的技术传承环境,所以操作手册也就没有什么用了。

最后是我开启了将原本口口相传的"本领"变成可传承的"技术"的模式。技术的传承是需要文字化的,要以文字为媒介,和没有文字作为媒介的通过"看着照做"而传承下来的本领是完全不一样的。

没有新人培训机制

"本领"没有变成"技术",恐怕就会产生问题。我从事业部部长卸任的时候,为了让继任者能够顺利接手工作,整理了类似"这个需要引入,那个要这样做"的报告书等一系列交接用的文件,但是,继任者可能根本就没有看过,因为以往就没有看报告书的习惯。

同样的事情也发生在各种职位交接的问题上,店长的交接工作如此,区域经理的交接工作也如此,完全没有任何可视化的资料可以参考。关于交接工作,哪怕是提前一个月开始,结果也是一样的,前任的经验一点儿也没有被传承下来不说，事实上，连基本的工作内容也没有交接清楚，完全是一个人一个做派，大家都会觉得：别人做的事情跟我有什么关系！那时候的萨莉亚就是这样一种企业文化。

萨莉亚是"看着我做，记住它"这种匠人氛围的公司，所以，刚被派遣到门店的新人，基本都是被闲置的状态。虽然公司会给他们发操作手册，但是没有人会看。这样下去是绝对不行的，我当事业部部长的时候就随手做了一个用于给新人培训的录像带，这就将"看着照做"的"本领"书面化和知识化了，最终转化成了可传承的"技术"。关于这个话题，下一个章节会详细说明。

没有连接公司总部和门店的指令系统

如果说，总部下达指令，每个门店按照指令行事是连锁经营店的基本要求的话，那么萨莉亚完全不符合。因为以前萨莉亚就是那种"不要总是问总部，自己能解决就解决"的文化，所以一般情况下都是店长在现场思考和解决问题。也是这样的原因，造成了之前公司没能留存相关知识，前任的经验也未被继承的问题。

萨莉亚的这种状态就是OODA循环的范畴了。OODA循环是由Observe（观察）、Orient（判断）、Decide（决策）、Act（执行）四个单词的首字母组合得名，说的是机动性高的小组织（比如，军队里最小编制的班的体量）根据可能发生的情况随机而动的行动原理，也就是说，执行具体作战计划的班长（店长）在现场做全部的决定。这就是萨莉亚那时候的实际状况。

即使是军队，也遵循上层先制定全局战略以及局部战略，再由上而下地将指令传达给基层的模式，在大的战略方向不变的前提下，赋予小组织一定的机动性，但是，当时的萨莉亚从上面下达的要求都不能称为指令，只能算口号而已，其他所有事情都交给基层自己做决策。因为店长和店员被赋予了很大的现场决策权，所以他们可以很随意地决定盛饭的量，一般都会盛得多。也许正是这个因素成了让萨莉亚被顾客喜欢的理由之一吧！但是，总部的指令太不具体，带来了很多弊病。比如，关于处理客人投诉这件事，因为门店各自为政，顾客都是依靠个人的能力去处理的，所以总部就得设置一个作为最后防线的人,来处理很多门店处理不了的投诉。所有的投诉基本只有一个人来处理,如果各门店有统一的解决投诉的标准可以参考的话,就不会这样了。

全部都是"为了人"

在我刚进公司的时候,公司组织结构就处于"这也没有那也没有"的状态,而在这种状态下,萨莉亚竟然还成了人气店,门店的数量也逐渐增多,所以真可称之为一个"创造奇迹的公司"。支撑这种快速扩张能力的是理念和产品力。萨莉亚的理念是由"为了他人""正确""友好团结"三个关键词组成的。

"为了让顾客开心"这种理念是创业以来一直脉脉相承的萨莉亚的 DNA。这里提到的"他人"指的不仅是顾客,还有员工和员工的家人、供应商、股东以及其他利益相关者。不管是为了自己,还是为了销售额和利润,都要围绕着"为了他人"而尽心竭力。只要是以"帮助他人"为目的的顾客服务,都要优先去做。

然后,"为了他人"而做的各种行为都必须是以人为本的"正确"的事情。在别人背后说三道四的狡诈，在萨莉亚是最被厌恶的。"为了他人"做"正确"的行为，自然而然大家就团结友好了！重要的就是"为了他人做正确的行动"这种所谓的利他精神，萨莉亚所谓的"性善说"通过这种精神就可以表现出来。这个基础理念代表了萨莉亚的一种姿态，同时也是萨莉亚与利益相关者的一个约定。

还有一点是关于产品力的，萨莉亚的优势就是可以让客人吃惊地说出："这样的品质，还这么便宜？"从含税300日元的米兰肉酱焗饭成了市场上同类商品的代名词就可以看出，萨莉亚是以产品为核心的公司。

定价没有根据

萨莉亚在经营理念里提出"通过介绍和挑战有享用价值的菜肴，丰富顾客每一天的日常生活"。萨莉亚如果希望大家每天都可以去它的餐厅的话，就要做到"对钱包温柔"，也就等于需要制定合理的价格。为了保证这一点，菜品的定价在经营上是极其重要的决策。

具体的定价是创始人正垣董事长来负责的，这种决定价格的方法真的是很厉害。厉害之处是先定售价！董事长看一眼菜品后就会说"就定这么多钱就行"，然后直接就定出了售价。至于这个价格是否合理，只能先卖一段时间看看再说。

比如，米兰肉酱焗饭最初的定价是 480 日元，而现在是含税 300 日元。原来将近 500 日元的东西价格降到 300 日元，没有任何根据。非要说出理由的话，就是因为米兰肉酱焗饭是最受欢迎的菜品，所以如果再便宜一点儿的话客人会很开心，凭借这样一个单纯的念头就可以轻易地把价格降下来。

一拍脑袋就改变售价的事情，实现起来真是难呀！如果原来的制作方法不做改变，菜品无论如何都不可能卖到 300 日元，改不了售价就只能在降低成本上下功夫了。之前酱料和肉酱都是从外部采购的，如果要保持低价销售就必须换成自制的，所以我们建了工厂，把原来在门店内做的一部分工作集中在工厂完成，这才终于把成本降下来了。

我最初来萨莉亚的时候，只有总部所在的琦玉县有一处工厂。虽然被称为工厂，但实际上只做洗菜的工作，和配送中心很相似。因此，后来公司又建造了神奈川和福岛的工厂,以及在澳大利亚的第一个海外工厂。我们的目标是成为制作和销售都自己干的"餐饮界的优衣库"。这是如何实现的,之后的章节会做详细说明。

在购物中心胜出

因为建造了工厂,萨莉亚提升了产能,这对开店战略有一定的帮助,萨莉亚可以开始在各地的购物中心开店了。

作为提供桌餐的餐厅,如果选择在购物中心开店,营业中遇到最大问题就是营业时间短。晚上相对要很早关门,所以晚餐时段基本上是没有的,这个问题对于长时间营业就可以出利润的餐饮业态是致命的。对于低价餐厅来说,这是很苛刻的条件,而对于萨莉亚来说,这却是一片蓝海,因为我们的盈利结构是即使没有晚餐,也可以盈利的模式。

萨莉亚产能高的原因是在门店内制作菜品的流程中有一部分被工厂取代了,这样就起到了缩小门店厨房面积的作用。因为厨房是个不可能产生利润的区域,所以越小越好。多出来的面积如果能补充到可以产生利润的客人席位的区域，那么都是可以产生利润的。所以，店面花相同的租金，肯定是厨房越小越有利。

客人桌椅的摆放也是萨莉亚的优势，萨莉亚可以在相同的面积内坐尽可能更多的客人。如果是每个桌子都需要大型设备的烤肉店，席位摆放是有局限的，而萨莉亚只有椅子和桌子，就会有更大的操作空间，而且，客人餐桌间隙狭小，可以让门店显得更热闹。比起努力营销，减少空位创造"密集"感，自然就打出了"这是人气店"的广告，而且，座位越多就越容易产生利润。

产能高，才能实现密集型开店战略

日本有很多购物中心，它们都看重了萨莉亚超强的引流能力，所以萨莉亚不断收到开店请求。萨莉亚一进入购物中心的餐饮街，就会变得很抢眼。其他餐厅即使价格和我们差不多，也很难跟我们抗衡，萨莉亚已经强到这种程度了。

萨莉亚采用的是特定区域强势出击的密集型开店战

略。如果门店在日本过于分散，或者为对应商圈的规模等因素而采用间隔开店战略，不但会降低配送效率，也会使部分制作工序集中到工厂的做法变得毫无意义。

但是，在餐饮行业的常识中，如果在特定区域集中开店，因为商圈缩小，客户的来店频率会降低，所以这种策略原则上是不成立的，除非可以提升客人的来店频率。为了解决这个问题，就要让餐厅成为日常可以频繁光顾的餐厅。如果想让客人每天都来店，那么就必须更便宜。这一切都需要联动起来，如果这种平衡被破坏，密集型开店战略是做不好的。

单价高的餐厅如果采用密集型开店战略一般都会失败，因为价格高会降低客人来店频率。如果来店频率上不来，就避免不了同一公司的门店之间自相残杀。如果是这样，扩大开店的商圈范围（即间隔开店战略）就是正确的。

成长中的公司必须逾越的壁垒

看到这里大家应该已经了解到，萨莉亚不是按照很多其他公司认为理所应当的"常识"去行动的。这也没有，那也没有，为什么萨莉亚的发展还是很顺利呢？正因如此才能被称为"奇迹"，如果只是按照以往的方式去做，是很难超越以往的商业模式的，萨莉亚也就不可能做到现在的规模。

成长中的公司必须逾越的壁垒也立在了萨莉亚的前面，为了今后可以延续"奇迹"，就必须夯实组织架构的地基，完善基础建设。萨莉亚把我从味之素叫过来，也是为了这个。让萨莉亚站稳脚跟这件事，从一开始就是我的使命。

第 2 章

萨莉亚的真相：进公司后才明白

门店运营、农业、工厂、产品企划、

突然交给我一座山

我能进入萨莉亚是因为受到当时在味之素巴西分公司工作时候的原上级的邀请,当时他已经是萨莉亚的专务董事(职位在总经理之下,主要辅佐总经理管理公司的整体运营工作,类似执行董事)。

但是,我一直没有答应去萨莉亚,几次邀请都被我拒绝了,因为我根本不了解萨莉亚,一开始我还特地去看了下门店,门店门面上写的是"意大利葡萄酒和咖啡餐厅"。我不喝酒,所以马上觉得跟萨莉亚没什么缘分。

但是，原来的老上级并没有轻易地放弃我，最后一次发出邀请的时候对我说："不管来不来，你先见一下总经理吧。"所以我就在圣诞前夜去和正垣先生一起共进了晚餐。用餐的时候，他和我说了一句让我非常吃惊的话："希望你帮我把餐饮业工业化。"餐饮业工业化？什么意思？我突然对这件事产生了兴趣。那次饭局之后，我处理好了其他杂事，终于在2000年决定去萨莉亚工作，当时我43岁。

一开始交给我的工作竟然是和农业相关的，当时我就想："餐饮业工业化的说法都去哪里了？"不过，既已如此，后悔也晚了。后来我听正垣先生说："像你这样的家伙，必须给你画个大饼你才能来！"真是一个绝妙的骗局。但是，我没有后悔当时的决定，因为比起味之素的工作，萨莉亚的工作让人感到更自由，而且不管怎样，多亏来了萨莉亚，我才体验了一下当总经理的感觉。

我计划在2000年4月入职萨莉亚。在2月的一天（当时我还是味之素的员工），我突然被叫出来，坐上了一辆奔驰，直接被带到了福岛县深山里的一家酒店。正垣先生对着一头雾水的我说："那座山交给你了，想干什么都行。"他一边说，一边拉开了大厅的窗帘，一座大山矗立在眼前。但是，不凑巧的是当时是冬天，所以山是被雪覆盖的，白茫茫的，无法看见山的全貌。

详细了解之后我才知道，当地村子所有的土地都被萨莉亚收购了，今天我是被叫过来参加交接仪式的。当时，我被介绍成了"农业专家"，虽然我在大学选择的是农业学部，但是我研究的是微生物，和农业是没有一点儿关系的。

但是，我没有选择的余地，因此，从正式入职前就已经确定了，我的第一个任务就是"用刚买的山干点儿什么"。因为我一个人是干不了的，所以公司给我成立了农业开垦队，把正垣先生的儿子和他的朋友，还有福岛一户农家的长子（专业是园艺）都吸纳了进来，注册了一家农业生产公司。可笑的是，这家公司的员工中包括我在内，所有人在农业方面都是外行。

开山劈石，挑战生菜种植

虽然拥有了一座山，但是漫山遍野都是岩石，其实什么也干不了，所以第一个任务就是先开荒，必须先把不计其数的岩石挖出来。

一开始，我们选择用挖掘机等重型机械把岩石去除，结果又挖出了很多石头，因此，我向总经理申请购入了碎石机。碎石机的作用是把石头打碎，这样就不用一个一个地去捡石头了，直接用犁地机就可以把地整好。

在山坡上沿着等高线方向修建田地的沟壑会让整座山看起来很漂亮，我在巴西工作的时候看到的甘蔗农场就是这样做的。我们按照以往的经验试着去做了一下，结果一周后下起了雨，刚刚整理好的地又变得一塌糊涂。在那之后，我们又遇到了各种之前没有遇到过的困难，连续失败又重来之后，我们一点一点积累了很多经验。

后来我们开始种生菜。一开始让我吃惊的是，栽培生菜用的大棚费用真是高得离谱。虽然有补助金会让价格看起来低一些，但是我们依然觉得不便宜！于是我就去韩国考察了关于种植大棚的事情，并且在韩国询问了大棚的价格，得知大棚在韩国的价格要便宜得多，只有日本价格的两成。我们的农业团队经历了开垦山林的过程，不知不觉间变成了土木工程专家。

于是我们就自己建设大棚，一口气建了大概 200 个。

稍微转换下话题，2011 年东日本大地震（日本"3·11"大地震）造成了福岛核电站的放射性物质泄漏的时候，清除污染物的工作用上了我们开垦荒山时用到的碎石机。用这台机器可以挖到 60cm 深的土壤。如果只挖到 10cm 深的地方，放射性浓度基本上没什么变化，但是如果挖到 60cm 深再回填的话，浓度就会下降很多。我们将开垦后基本上不用的碎石机借给了福岛县，当时起到了很大的作用。东日本大地震的危机处理会在第 7 章说明。成为大棚建设专家的福岛农民们在仙台也发挥了很大的作用，仙台的田地因海啸而被海水浸泡，无法种植粮食，福岛的农民就帮助仙台的农民建造了 1 公顷的用于栽培西红柿的大棚。

经过推理研究种大米

接下来的课题是，如何大幅降低种植水稻的成本。当时一袋米是 15 000 日元，怎么能够将这个成本减半呢？我们又做了各种各样的实验。首先提出的疑问是：为什么米会这么贵？为此我们特意去请教了水稻种植专家,制作了大米成本表后,我们终于明白了,最贵的不是米本身,而是农业机械。

费用最高的是收割水稻时用的脱壳机,这种脱壳机每年其实只用1周的时间,却需要每5年更换一次。因为没有折旧的概念,所以还没有摊销,就重新替换了。插秧机也是一样的情况。

现在出现了很多专业的农业公司,所以这种情况大多已经改善了,但是在当时这种情况是常态。这样做,想收回投资是不可能的,只是让卖农业机械的厂家赚了钱,所以一定要想办法解决这个问题。

因此,必须将只用1周的脱壳机的使用周期延长到3个月。我们想到的解决方案是把种植的时间错开,这样收割的时间也就错开了。为了实现这个想法,我们引进了北海道的早稻,培育稻穗使其在盂兰盆节(日本的盂兰盆节一般在8月中旬)的时候正好可以收割。这样就可以从盂兰盆节一直收割到11月的霜降了。但是快乐转瞬即逝,在收割之前突然来了一个电话。

"堀埜先生,黑云来了!"

"发生什么事了?"我仔细地询问了下情况。

原来天空出现大量的麻雀，遮天蔽日。为什么会这样呢？因为我们引进的早稻成了日本东北地区最早成熟的水稻，于是就像算准了割稻子的时间似的，大量的麻雀被引来了。结果，很多稻米都被麻雀吃掉了，连一半都没收回来。因此，最后我们放弃了在盂兰盆节收割，将收割时间稍稍延后，确定了从 9 月到 11 月中旬收割的计划。

提升农业机械的产能

先种北海道的水稻，再种其他地区的水稻，这样就可以把时间错开，实现接力种植。山腰和山上的气温不一样，那么就控制种植高度和水稻品种，从而控制收割的时期。用这种方法，也可以让脱壳机的利用次数增加。最后将本来只用 1 周的脱壳机的使用周期延长到了 3 个月，大幅度地改善了收支平衡。

插秧机也是使用时间很短的机械，但是我们没有采用和脱壳机一样延长使用周期的方法，我们考虑的是直接把插秧这件事省略掉，这样同时也省略掉了育苗这件事。如何省略掉插秧的环节呢？有一种直接播种法，就是将种子直接播种到稻田中。我们其实一直在研究如何直接播种，最后确定的是从田埂上投掷种子的方式。只要投下去，苗就能活，那么插秧的环节就没有必要了，也是不断尝试才让我明白了，竟然还有这样的方式。

各种尝试的结果就是，一袋米的价格从 15 000 日元左右降到了 10 000 日元左右。即使收割期不同，水稻品种也不同，我们新米的味道也都很好，给客人提供的米饭没有品质问题。

提到大米，很多人都会有越光米很好的第一印象，其实越光米好的原因并不在于品种，而是在于劣化比较慢，所以，我们最后选择种植越光米，这样就可以保证一年之中所有时间都可以提供品质稳定的米饭了。

将零散的农家联合起来成立"生菜工厂"

2001 年，开始我主管工厂，分别建设了神奈川工厂和福岛工厂，同时还管理着农业，在福岛县搭建了生菜工厂。为什么一定要自己搭建工厂呢？因为我明白了，不是自己生产的生菜是不会好吃的。以往萨莉亚的生菜都是从农家一家一家买来的，所以保证不了出货量，收成好的时候农家可以提供大量生菜给我们，收成不好的时候生菜供货量又不够。

萨莉亚的门店每天都在营业，所以供货量必须稳定。因此，我们通过当地有名望的人牵头将农家联合在一起，成立了联盟组织，设定了 A 家什么时候种植、什么时候出货，B 家什么时候种植、什么时候出货的流程。然而，每家的技术不同，每块田的生长速度也有差异，所以还是不能保证出货的稳定性。最终，萨莉亚还是走向了自己出手，统一管理种苗生产，然后将必要的种苗分给农家去种植这条路。总之，就是一套委托生产的系统。我们用这种方法，把当地变成了一个整体的"生菜工厂"，让大家一起联动起来。

每一季的开始，A 家什么时候上交多少，B 家什么时候上交多少，全部由我们统一计划，并根据这个计划分配萨莉亚培育的种苗。做到了这一步，就可以保证品质的稳定，并形成了每天都能按照既定计划保证出货量的流水线。

作为农家，原本都是给各自所属的农协出货，因为大家一起集中出货，所以价格就会降低，很像是在

"赌博"。但是，像这样采用计划种植，就可以预见自己的收入，收入就会很平稳，也更容易贷款，所以因为和我们合作，出现了很多生菜富农。

生菜也要在味道上获胜

因为在自己公司的工厂生产生菜苗，所以我们也全身心投入，进行了品种的改良。我请来了以前在味之素的朋友，做了各种各样的实验，以哪个品种怎么种植，会培育出什么样的味道，还购买了氨基酸分析仪等检验设备进行研究。这么费心的目的是要在味道上绝对不输给别人，必须让顾客吃了萨莉亚的生菜以后回味无穷，在所有水灵灵的生菜之中，必须让我们的生菜独树一帜。

农家兄弟们在太阳升起前就会收割生菜给我们运过来。因为被太阳晒过的生菜没有那么甜，所以要在太阳升起前运过来。运过来后会立刻放入冷藏库，再用冷藏车运到萨莉亚门店。正因如此，农家兄弟们起得都很早。自从生菜苗由我们自己生产开始，基本上形成了可以控制当地整体生产计划的机制，再加上门店数量的高速增长，很快就走上了轨道。

在神奈川工厂生产预制生菜

接下来转回工厂的话题，我被邀请到萨莉亚，也是因为萨莉亚缺少工厂生产管理技术方面的人员。我在继任之前，曾经被委托给工程公司建造过一个流水线，其实我是想在萨莉亚一开始建设工厂的阶段就参与进来的，但是交给我的时候工厂已经建好了，所以公司希望我把这个现有的工厂更好地利用起来。

首先，我建立起来的是生产预制生菜的流程。本来琦玉工厂就是生产预制生菜的，所以我最初的期望值很高，觉得实现目标应该没什么大问题，但是到现场一看，我吃了一惊。首先让我惊讶的是，工厂太宽敞了。如果工厂太宽敞，会产生各种各样的问题。有句话说，工厂连空气都是要花钱的，为了不让外面的灰尘等污染物进入厂房，是需要过滤设备的，生产也需要控制温度，所以空调也需要花很多的钱。

另外就是在搬运过程中产生的问题。宽敞就会带来搬运原材料和产品时产生浪费的问题，而且，如果宽敞，就会想堆积很多东西，这是人性所致——一个一个地搬过来很麻烦，索性就尽可能地一次性搬过来很多。这样很多东西放在厂房内，就会增加工人受伤的可能性。还有，不同的屋子温湿度有所差异，这就又涉及原材料变质的问题。

除了上述问题，我还找出了很多其他问题，我是第一次建造食品加工厂，在这个过程中也学习到很多知识。

米兰肉酱焗饭使用印度香米的理由

2个月以后，我们开始建造福岛工厂，这个工厂主要是制作焗饭和炒饭用的冷冻米饭的工厂。当时的米兰肉酱焗饭是要用到番茄酱的，先煮饭，把饭和番茄酱搅拌后再撒上酱料，接着盖上肉酱，最后上烤箱烤好就完成了。本来我们想的是，在工厂里加工到番茄酱拌米饭的程度，但是遇到的第一个问题就是，番茄酱会溅得到处都是，而且，搅拌的时候会变成一团一团的。总之，发生了各种各样的问题，所以我们最后放弃了在工厂加工到番茄酱拌米饭的程度。

我和正垣总经理商量，考虑到制作工序要简单，成本不能太高，所以采用了印度香米。（实际上在意大利，做焗饭的黄色米饭基本上是藏红花米，这种米饭有一种特殊的味道。）建造工厂的时候我们也计划过生产炒饭，不过，实践中也发生了堆积如山的问题。

混合着玉米和胡萝卜的炒饭，用传送式冷冻机在零散的状态下冻上，这样做的目的是避免块状炒饭在门店内加热的时候会产生加热不均匀的问题。那时使用的传送式冷冻机吹出的风很大，会把玉米和切好的胡萝卜吹出传送带，现场被搞得一塌糊涂，最后几乎无法正常生产，打扫起来也很费劲，1天作业4个小时，却要花12个小时去打扫，真是性价比极低的操作。

于是我们找到那个冷冻机厂家的技术部，和他们说："这应该是一个设计缺陷吧！"对方很自信地告诉我："我们设计的是很方便清理的结构呀！"所以，我就试着钻进了冷冻机的内部。空间确实很大，足够一个人钻进去，而且机器内部也是分隔开的、拆卸很方便的结构。乍一看也许没什么问题，但是如果这么想，那么就只能眼睁睁地看着玉米浪费，还不如舍去空间，从一开始就不让玉米掉下来呢。我们进行了各种尝试，克服了很多困难，大概花了3个月的时间，经过各种改善，终于能够稳定生产了。但是，每天的清扫工作还是需要花10个小时的时间。

不过通过改善，每个门店1天要出100份焗饭的制作负担大幅度地减少了。以往是将白米饭浇上番茄酱等材料搅拌在一起，煮饭花的时间先不说，煮出来的饭也是状态不一，无法保持一定的品质，改善之后，这些问题也解决了。但是，又发生了其他的问题。散装的冷冻米饭缝隙很多，白色酱料又必须撒在米饭上面，所以很多酱料渗到米饭的缝隙里，直接加热就成了一坨黏稠的粥。问题一个接一个地发生，我们又一个接一个地解决。

建造占地面积大的澳大利亚工厂

短时间内，我们建造了神奈川和福岛工厂，接下来我奔赴澳大利亚，在澳大利亚的工厂也是萨莉亚的第一个海外工厂。澳大利亚工厂的占地将近1平方千米，占地面积很大。不过，只是很便宜地买了一块很大的土地，实际能使用的面积只有不到十分之一。为什么要买这么大面积的土地呢？虽然在巴西工作的时候我想不通这件事，但后来才知道，工厂占地面积大确实会有很多好处——比较容易扩张，在周围形成缓冲带，在占地范围内还可以处理废水。

在味之素的巴西工厂，稀释的废水会全部洒到自己的土地上来培育桉树。桉树生长很快，洒上去的水很快就能被吸收蒸发掉。除此之外，废水还可以洒到果园里培育橙子或洒到牧场里来养牛——草疯狂生长，牛又把草吃掉了。再怎么符合标准，向外排放污水都是要花钱的，万一排放不符合标准，还很有可能会带来工厂停产的风险。再者，如果污水需要长时间储存，地方小就会限制储存库的数量。所以，要买就尽可能买面积大的土地，萨莉亚最终选择了距离墨尔本 40 千米左右的土地。

白色酱料掌握着萨莉亚的命运

设立澳大利亚工厂的目的是生产白色酱料。这个话题要从白色酱料的原材料说起，白色酱料是以牛乳和黄油为原材料的，所以我们选择了进货和调度原材料便宜的澳大利亚来建造工厂，让白色酱料的生产走上轨道就成了最重要的命题。在澳大利亚是没有萨莉亚的门店的。我听说的原因是工会很强大，劳务费也很高。尽管如此，我们还是决定出海澳大利亚，吸引力在于极具竞争力的进货价格。

而且，现在萨莉亚的米兰肉酱焗饭在价格和品质两方面，对其他公司形成压倒性优势的原因就在于澳大利亚工厂成功地生产出了白色酱料。萨莉亚历经很多次来自便利店的攻击而屹立不倒，就是因为它们在实际操作层面上不可能做出和萨莉亚的米兰肉酱焗饭同品质、同价格的菜品。

大家可能会想到，其他公司也可以在澳大利亚建造工厂呀！但是，刚才也提及劳务费等问题，这个过程不是那么容易的。因为这些原因，在澳大利亚建厂的日本的大型企业也有几家撤走了。其实澳大利亚是一个海外企业很难进入的国家，正因如此，澳大利亚的工厂是不容易被其他公司模仿的，这也成了萨莉亚的优势。

萨莉亚的白色酱料不会让人胃部有灼热感的原因

在这里揭露一点萨莉亚白色酱料的秘密。往黄油和小麦粉合成的糊里加入牛奶，制作出来的是通常的法餐白酱，黏稠度很高、很稠。但是，萨莉亚的白色酱料是稀的。想要达到这种状态是需要很高技术的，而且使用黄油的量是完全不同的。一般人会认为增加黄油的使用量，酱料就会变得比较稠，其实不是这样的。

增加黄油的使用量确实会提升口感，黄油是动物性油脂，所以融化点很高，也就促成了很好的口感。在日本，为了替代高价的黄油，经常会使用人工黄油。人工黄油是植物性油脂，所以融化点很低，即使是常温化开的，拿出来也会粘在舌头上。因为没有凝固，又加上混入了很多的小麦粉，最终就会变成口感很重的酱料。白色酱料口感的区别在于入口之后的实际感觉。吃了很多黏稠的法式白酱的话，很快就会感觉很撑。很撑就是胃部有灼热感的感觉。萨莉亚的白色酱料就不会让人胃部有灼热感，因为使用的是优质黄油，不容易酸化，所以不会让人胃部有灼热感，吃多少都没关系。

不让客人感到撑得不舒服，客人就会感到满足，因为不会很撑，所以只会带走"很美味"的满足感。

这就是萨莉亚所期望的。萨莉亚的白色酱料基本上没有厨房特有的油脂味道，这样一来餐后就会有"负担很轻"的感觉。没有油脂味道是因为萨莉亚的厨房没有油炸食品用的炸锅和烤盘，使用这些炊具后，油温很高，就很容易滞留、酸化。

在菜品企划部思考菜单的构成

在工厂工作了一段时间之后，我就被调到了菜品企划部，开始负责菜品研发。可是，这是我完全不懂的领域。萨莉亚是以菜品为中心的，菜单是正垣总经理负责的领域，所以一开始接手的时候，我就经常去总经理室泡着，"这个怎么样？""那个怎么样？"一个一个地问，每天考虑的都是如何实现总经理的想法。

味道的设计也是一样的，菜单的构成会完全改变门店的操作模式，所以菜单上的菜品构成就是所有知识的集合。比如，平均一家店铺一天卖出 50 份的菜品变成一天卖出 100 份，很可能会让现场承受不了。这个时候如何调整定价，控制出货量，是否有必要把一些工序在工厂集中生产，减轻门店的工作负担，什么环节在工厂生产，什么环节适合交给门店，这些都是要综合考虑的。因为在工厂刚建好的时候，增加生产品种就必须提升工作效率。关于菜单开发，第 5 章会说明。

成为管理100家店的事业部部长

在菜品企划部工作了一段时间之后，我被提拔为菜品本部部长，因此得以重新梳理了公司关于菜品企划的整体工作。这样一来，菜品的事情就捋顺了，菜品的体制就完善了，也就推动完善了菜品运营的工作，在此前，工厂的生产体制也已经完善了。这样一来，就还剩下和采购的联动，如果不和采购联动，就无法顺利推进企业规模升级的工作，因为只有将总部有关菜品、工厂和采购的机能逐渐扩大，才能让企业的规模得以扩大。我刚刚为自己取得的成绩有一点儿沾沾自喜的时候，有一天突然被总经理叫过去说："你去经营门店吧！"突如其来的这句话，让我的大脑一片空白。我当时认为，这是让我去当店长吧，可这明明就是降职了。难道是做的太多了，让总经理烦了？当天，我就是抱着这种想法回家的。

第二天，我就去问总经理："是派我去哪个店？""说什么呢？你去做事业部部长！给你100家门店，给我管理好！"什么？不是店长，而是要管理100家门店的联动。因为我在横滨居住，所以选择了神奈川县和静冈县的一部分门店，正好是100家，就这样，我又开始了管理门店的工作。

不管怎么样，都要先从了解现场开始。为了了解门店都在干什么，我拿着摄像机去每个门店巡视，自己摄像，自己编辑，然后制作成一个操作流程的视频资料。我每去一个地方，都会向店员询问什么样的操作流程好，然后把好的操作流程都录下来。就这样，我发现有些店的操作流程和标准方式不同。但是，某些地方确实做得比标准方式更好。反过来，做得不太好的地方也都被我记录、收集起来了。这样做可以掌握每个门店的情况，还能用编辑好的视频给新人做培训，真是一举两得呀！

以前每个门店的新人培训方法都不一样，基本上都是"看着我做，记住它"的形式。如果是这样，新人真是太可怜了，所以为了让新人学习，我制作了视频资料。一次偶然的机会，我发现神奈川工厂里有一位以前做过播音员的女性临时工，所以我就拜托她帮着录音，还把录音内容收录进了公司内部的杂志里。我做视频的原则是尽可能地让对方容易看懂，直到现在我也还在做视频制作的工作，有的时候一个人会一直干到深夜。但是，当时电脑的性能还不太好，所以数据太多的时候经常死机，真是很不容易。

减少开店准备工作和利润直接相关

经过一段时间的努力，我逐渐熟悉了相关的操作。一年半之后，总经理又说："去给我干门店开发。"但是我拒绝了："请让我成立一个改善门店操作的技术工程部门吧！"因为我认为门店操作方面还有很多东西需要改善。为了提升产能，我首先着手的是减少开店前的准备工作。将1个小时的工作缩短到30分钟做完，这样，这部分的人员费用就可以节省下来了。

开店准备的时间是绝对的成本，没有任何的利润贡献，所以，将早晨的开店准备时间和夜间的闭店工作时间缩短，肯定能够起到作用。缩短上班时长30

分钟是最实际的，仅仅做到这一点点改善，所有门店算在一起就能够一年省出来几十亿日元。但是，只是单纯地缩短运营中的工作时间，是不会带来戏剧性的变化的，因为不管多出来多少时间，人员数量并没有减少。

那么，怎么做才能算是减少开店准备工作呢？

首先，我发现问题出在吸尘器身上。因为电线很短，在清扫的时候会一边移动，一边拔插电源，而吸尘器电线加上插头的长度只有30厘米，所以，吸一块地板必须往返数次。这样太浪费时间和精力了，肯定是不行的！因此，我考虑采用被称为"功能分析"的解决方法，也就是将吸尘器的功能用其他工具来实现。吸尘器到底起到什么作用呢？不就是将垃圾移动个地方嘛！如果只是将垃圾移动个地方，拖把也可以呀！既然是这样，我们就把吸尘器换成了1米宽的拖把。这样改善之后，客人座椅间的地板拖一次就可以拖完了。要是用吸尘器的话要3～4次才能将垃圾吸完，这样一下子效率就提高了3倍。用拖把将垃圾归拢到一处再用吸尘器吸走，只用原来一半的时间就可以干完。我们就是这样积累着各种小细节的改善。最初我们想把早上的时间缩短 30 分钟，但真的是极其困难的，不过我们还是尽可能地缩短了 15 分钟。

我从 2000 年交给我的一座山的农业开始，之后作为生产技术员建造工厂，从菜品企划到菜品本部部长，再到肩负了管理 100 家门店任务的事业部部长，又跨领域地做了改善门店操作的技术工程工作，不经意间，我进入萨莉亚已经 9 个年头了。

第 3 章

颠覆以往的常识

的总经理：员工，『空降』不是土生土长的

深陷"总经理恐惧症"的3个月

担当工程技术工作半年后的2009年1月,开年工作的第一天我就被叫到了总经理室,正垣总经理对我说:"你从4月开始就是总经理了。"公司的总经理有在每年的第一个工作日传达重要事情的惯例,看来更换总经理这件事是萨莉亚在那一年最重要的事情。

我突然听到这个任命,本应该是开心的,当时却是眼前一抹黑!为什么会这样呢?因为在我眼前浮现的是一个个门店里工作人员的面孔。我难道这就要开始肩负起那些人的生活吗?员工人数大概是1万多,再算上身后的家庭成员，也就是说，我要肩负起几万人的生活吗？想到这些，我压力倍增。我把这种好似结婚前深陷各种不安心情的婚前恐惧症的症状，称为"总经理恐惧症"，这种恐惧的心情一直持续到3月底。

那么，我是怎么重新振作起来的呢？还是正垣总经理的话鼓励了我："你放手去干，大不了就是公司倒闭嘛！"一开始我还真不太明白这是什么意思。但是，那个时候我一瞬间有了一种如释重负的感觉："啊！既然总经理都这么说了，那就……"我忽然感觉轻松了很多。于是，我就按照正垣总经理说的逐渐振作了起来，怎么干都行，大不了就是公司倒闭嘛！真出现那种情况，顶多也就是我一个人来负责，从公司走人而已嘛！这样的话，工作人员留下，公司还可以存活，少的顶多是我一个人，所以，如果一个人可以承担，那么就挑战一下呗，失败的时候我一个人负全责就可以了！

一般情况下，大多数人当上总经理后都会很开心，都会觉得真是没有辜负从开始到现在为止的努力和辛苦，然而我却相反，当上总经理后反而纠结了。也许很多人会觉得很奇怪，其实像我一样纠结的人并不是个例，在我认识人里还有一个，那就是麒麟啤酒的总经理布施孝之先生（已故）。

麒麟控股的总经理、麒麟啤酒的总经理、正垣董事长和我4个人每年都会聚餐，有一次聊到了刚成为总经理时候的事，我说："当时因为总经理恐惧症，真是很痛苦啊！"布施先生说："我当时也是呀！"布施先生是一个很认真的人，虽然性格和我不一样，但是有一点是一样的，我们两个人都是技术出身的。

启用禁用的电视营销，一口气还上了所有借款

2009年4月我接手总经理的时候，萨莉亚因为金融投资的失败出现了140亿日元的经营亏损，也就是说，我接过来的是一个带着借款的烂摊子——外界是这样看的。但我并不是这么想的，正垣董事长看起来正在等着这个为我安排的时机，可以说也是接任总经理最好的时机。

即使金融投资亏空了140亿日元，当时萨莉亚的营业利润（公司主要业务所得利润）也还是正的，也就

是说，我再怎么思维迟钝，或者说，即使什么也不干，经常利润（公司所有事业收益的利润）以及纯利润也会自然而然地大幅度增长，这一点也是与普通公司不一样的地方。可以理解为，即使什么都不干，几年后也会自然还上这些借款。

虽是这么说，但我还是考虑尽快将这些借款全部还掉。因为接手总经理的职位后，其实我想干的事情还挺多的，所以我需要有原始积累，不想总为了钱的事情发愁。因为这个原因，就任总经理的第一年，我想方设法地多挣钱，而且使用了以往禁止的营销方式——上电视。上的节目是搞笑组合 Taka 和 Toshi MC 的综艺节目《试试不？》（朝日电视台）的特色项目《返回当初 10》，以及同一系列的 Cocorico MC 的综艺节目《突然！黄金传说》。

因为上电视，那时萨莉亚的业绩获得了飞跃式上升，最后一次上电视是 10 月，当月的利润是往年同月的 6 倍。所有门店的营业额都得到了上涨，多出来的营业额也基本上成了相应的利润，所以 140 亿日元的借款不到一年就还上了。因为达成了最初的目标，所以自那以后我们就再也没上过电视。

上电视带来了这么好的营销效果，为什么不继续呢？因为上电视会导致每家门店都繁忙无比，这样一来，一线的员工太疲劳了。做这件事之前我们其实就已经预想到了，一旦在电视上出现，就会引来很多客人，就会造成门店的忙碌和混乱。门店负荷增大的结果就是工作人员流失，如果这样真是得不偿失。多亏了在黄金时段上电视，萨莉亚在全国的知名度得到了提升，虽然很高兴能有此功效，但毕竟这是万不得已才使用的方法！

不过，在这个非常时期，我决定当强心剂一样偶尔做做。萨莉亚上了3次电视，还完了钱我就叫停了。因为萨莉亚一般是不做任何宣传的，所以，一旦在电视上出现就非常有效，10月播出之后，原则上我们就停止了所有电视上出演的活动。

"除了理念，全都要换"

我想要尽快把钱还上是有原因的。因为在总经理就任的记者招待会上，我抛出了一句话："除了理念，全都要换。"新就任董事长的正垣先生（伴随着我就任总经理，正垣先生也成了董事长 ⊖）当时在旁边听见这话，只是笑了笑。但是，我说这话是认真的，我觉得这是一个不是创始人，而是被雇用的职业经理人必须做的事情。

当然，虽然说全都要换，但是萨莉亚以往好的地方我也打算留下来。每个公司在高速成长阶段都会磕磕绊绊，虽然萨莉亚在我就任总经理之前，一直用的"看着照做"的师徒传承方式或许当时看是有效的，但是，萨莉亚已经发展成这么大的规模了，应该有更加坚实的基础。为了延续萨莉亚的"奇迹"，我被赋予的课题就是搭建企业的地基。

萨莉亚从高层到中层，所有人都在门店工作过，也都因此而自豪。我虽然管理过100家门店，但是因为不是土生土长的员工，所以并没有在门店内进行过实际的操作。像我这样在萨莉亚中经历特殊的人成了总经理，大家应该会感到不安吧。为了消除这种不安，让大家放心，我认为必须设定一个大家都明确的目标才行。

我刚接手的时候门店数大概是800家，之前定的

⊖ 原书根据不同时间，称呼正垣泰彦为总经理或董事长。——译者注

目标是日本国内要达到 1000 家，显然 1000 家这个目标马上就能达成。那么，下一个目标是什么呢？为了将公司拧成一股绳，需要一个新的目标。

每年进店客人数要达到人口数那么多

在连锁经营的理论里，给出的愿景应该是一眼看上去就不可能实现的数字。因为不是那么简单就能达成的目标，所以才有价值花时间去实现，这样的目标也会成为大家的一个共同理想。因为书本中是这么说的，所以我先制定了一个超出想象的数字，经过各种各样的考虑，我最初制定的目标是达成 1500 亿日元的利润。为了达成 1500 亿日元的利润，销售额必须达到 1 万亿日元。能够达到 1 万亿日元销售额的餐饮企业是没有的，也因此我制定了这个目标。

但是，正垣董事长很讨厌这个目标。他问我："目标是钱吗？你制定的？"确实，用利润当目标是不直观的，员工也不会切身感知，因此我需要制定一个即使是在门店内工作的普通员工也能够有认知的数字，所以我最终决定把进店客人数作为目标。当时的进店客人数是一年 1.1 亿多人次，这个数字马上就要超过日本总人口数了。那么，下一个阶段以什么为标准更合适呢？那就以中国人口数为目标吧！就这样，我制订了新的长期计划，2025 年达成进店客人数 14 亿人次的目标。（由于新冠疫情，餐饮行业受到一些管控等因素影响，在我离任总经理的时候，还没能达成这个目标……）

不管怎么样，长期计划指向的是终点，就相当于飞机飞往的目的地，目的地是不能在中途变化的，飞机在其他地方降落会造成混乱，所以制定了更高、更远的目标后是绝对不能轻易改变的。另外，我们还需要以每 5 年为一个时间单位来制订中期计划，而且，中期计划并不是制订了就不去管了，每年都要进行调整，要进行轨道和方向的修正。这也和飞机飞行一样，目的地（长期目标）不会改变，但是每次飞行的线路是需要根据天气、风向、战争危险系数等各种复杂的因素经常修改的。如果每 5 年才能调整中期计划，那么就无法应对事业环境的变化，所以每年都需要做调整，还需要加上为了解决眼前问题的具体计划，也就是年度计划。制订并实施好长期计划、中期计划和年度计划，才能让企业经营顺畅。

使用范式图明确业务领域

一上来就设定长期计划还有一个理由，那就是有必要事先明确一些东西，虽说我是从外部空降来的总经理，但也不是随心所欲，什么都能做的。虽然，在那个时候的萨莉亚，新事业大多都是想干就干的。换句话说，很多事情都是由创始人正垣董事长一个人决定的，但是，如果我这样不是土生土长的员工也这样想干就干，会怎么样呢？可想而知，如果这样做，一定会招来质疑的目光："这小子在干什么呢？""太自以为是了吧？"我想，如果是这样的状态，还怎么会有人跟着你一起干呢！

所以，首先要确定什么事情我们不干，因此我宣布了"萨莉亚不会涉足的业务"。为了明确业务范围，我们用范式图诠释萨莉亚目前经营的桌餐到底是由哪些业务构成的（见图 3-1）。

我能想到的有三个行业：第一，我们的工作是接待客人，所以属于"服务业"；第二，我们是 B2C 的

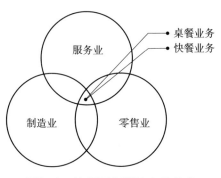

图3-1 从餐厅桌餐的定位考虑

商业模式,因此也属于"零售业";第三,我们还做生产和加工,那么又属于"制造业"。这么说,萨莉亚的桌餐是涉及这三个行业的,而且这三个产业是交叉的。还有一点,在这个分类中我们确立了自己的定位,那就是我们属于"桌餐+快餐"的餐厅。因此,我要做的是,对现有业务进行重组,然后只聚焦"桌餐"和"快餐"的业务,其他的业务我们不会涉及。

这样确定好了不涉及的业务,即使是不懂我在做什么的人也会觉得"并没有从根本上发生变化",这样大家也相对更容易接受。顺便提一下,图3-1中虽然快餐被设定在我们所属的业务领域中,但是,实际试行快餐业务的时候,我们明白了这个定位是错误的。关于业务领域,第4章会进行详细说明。

从现场提拔人才的人心掌握术

最初设计长期计划的时候,我把不被大家认可的区域经理招进了制订计划的团队。为什么会招一些不被认可的人呢?把被大家都认可的厉害人物招进来是不行的,因为大家会想,他很优秀,所以当然能够很轻松地胜任工作,让这样优秀的人进来以后,他很容易就变成固定的团队人员。

经理级别的人必须有制订计划的能力,所以一开始选个能力不太强的人,下次再选人的时候,被选中的人就会想:"他那个水平的人都能行,我应该也没问题。"这样做的目的是让大家都保持一种很积极的态度来参与长期计划的制订。

长期计划的制订团队中还加进来了一个完全不善于说话的人。长期计划不是做完了就完事了,还必须对公司的所有员工进行说明。就是因为这个,我才选了这个人。多次让这个人在很多人面前讲解计划后,他变得越来越能说了。这个人变化很大,成长得也很快,在萨莉亚出海中国的时候(会在第 6 章详细说明),

我让他担任了海外项目的负责人。大家都很惊讶："原来人可以有这么大的变化呀！"这个人最后都成了大家学习的标杆。

我对于人选有一个很明确的标准。选人的时候会首先将大家分类，基本上会分成两类——员工型和领导型。员工型的人成了领导的话会惨不忍睹。领导给部下分配资源的时候需要做很多判断，但是，只对自己的事感兴趣的人会分配得很失败；或者会因为领导缺乏判断能力，给出的指令优柔寡断，部下被迫变成领导。这样的话，既不会对自己有利，也会给周围的人造成困扰。这样的例子我看到过很多，所以我选人的时候特别在意他到底是员工型还是领导型。

正垣董事长关注的是人是狡猾的还是正直的。耍心眼、逾越其他人的事情是他绝对不能容忍的。相反地，他会给拥有乐于助人这种单纯态度的人很高的评价。正因如此，萨莉亚的"性善说"才是成立的。

我选人的时候还有一个判断是否合适的标准——这个人即使是那种非常努力的所谓的"好人"，但是如果在用人方面非常不擅长，也是不会入选的。萨莉亚是个推崇尊重前辈的公司，尤其会对默默工作、沉默寡言的人有很高的评价，但是这样的人如果成为领导，就会造成很多工作上的不顺利。我一直在持续关注每个人适合干什么的问题，因为我尽可能地想让大家过得更加幸福。

构建组织的第一步——从培训开始

制订好了长期计划，就必须让所有的工作人员能够理解。如果不这么做，计划就会像放烟花一样，热闹一会儿后就消失了。当一个成熟的组织确定好了全公司的整体计划后，部门领导会将计划融入自己部门的目标里，然后更加深入地细分目标，并将其分配到各个小的组织中。然而，萨莉亚却没有，这是因为它根本就没有这样的规矩和习惯。

此前，大的事情都是由正垣董事长一个人来决定的。除非是他不太了解的领域，比如农业、工厂和出海的事，遇到这种情况的时候，他就会另找一个人，然后说一句，"交给你了"，就完全把这件事情甩出去了，一直以来他都是这样做的，反正这些年就是这么干过来的。我被叫到萨莉亚也是因为公司内没有懂工厂的人，希望我能弥补董事长不擅长的领域。正垣董事长经常说："我不太懂什么组织架构。"所以，结论就变成了："都交给你了。"

因此，我出任总经理的第一年，决定先从上层学习会开始。首先，公司内必须培养会培训的人，所以我就考虑先改变公司的管理层。然而，试着做了一年，感觉行不通，上层的人员都习惯了以往的做事方式，很难改变，而且他们都是有着丰富门店现场操作经验的人，所以特别擅长做店里的工作，但是在思考战略、把想法传达给对方以及整理资料等方面的经验是很匮乏的，最重要的是，没几个人打心里觉得这些事情很重要。

走遍日本全国挖掘人才

后来我认识到，再这样继续下去就是浪费时间和增加成本。所以，上层学习会这件事只做了一年就叫停了，搁置了一段时间后我开始推进"和总经理一起思考的会议"（简称 SKK 会议，SKK 是由"总经理""思考""会议"三个日语单词的第一个字母组成的）。这个会议的形式是，我亲自走访日本全国所有的萨莉亚门店，对在门店工作的人进行技术培训，在这个过程中我进行了各种试验性的培训，可以说这真是一次走遍全国的"旅行"。

大多数人我是第一次见。面对面培训这件事，并不只是为了教给他们技术，而是真正希望他们能够理解我的一部分想法，并借此机会发掘一些埋没在各地的年轻人才，这是一箭三雕的尝试。这种巡讲我做了三轮，从全国的门店里发现了各种各样的年轻人才，为组织基础的建设做出了贡献。

起用年轻人本来还有另外一层目的，那就是激励作用。比如，想培训的人是部长，我不会直接去教他，而是去教他下面的课长或者工长。这样部长级别的人会想："不好，要被部下超越了。"然后他们开始慌张，会更加努力。作为部下的年轻人也会想："机会来了！"所以他们也会更加努力。这样一来，双方应该都会动起来。

但是，事实没有我想的那么简单，最初确立年度计划时，我集合了全体区域经理进行了说明，但是之后音信全无，因此我就直接开始教区域经理下一级的地区主管。我本来期待的是区域经理像屁股着火一样着急，但是这些人还是无动于衷。这都是一群脑筋迂腐到什么程度的人呀！与此同时，我也深刻地感觉到自己没有培训人的才能。可见改变别人是一件很难的事情，但是可以先改变自己。

厨房的面积减半

我想通过培训在公司内推广的技术之一就是"功能分析"法。任何事物都是有其功能的，"功能分析"法就是通过明确其功能来解决问题的一种方法。我在还年轻的时候就知道这样的方法，但是自己解释不清楚，就在冥思苦想的时候，我偶然间在书店里发现了《解决问题的方式方法入门》（Discover 21，2010年）这本书，"就是它！"我心里暗喜。这本书里记载了针对问题可以循环地追问"为了谁""为什么"，然后推敲出事物的本质功能，最后思考怎么进行改善。

在公司里一问，总公司的同事居然有人认识这本书的作者横田尚哉，于是我就通过这个缘分将横田先生请到了公司。说是来公司，其实就是在紧邻总部的萨莉亚店内一边吃晚餐一边聊天,也是在这里决定了让他来给萨莉亚做咨询。那个时候,甚至连咨询的费用到底是多少都没有问,签合同的时候我才知道费用,真是不便宜呀!但是,和最后公司受益的程度比起来,这个费用真是太超值了。

最初的成果就是将"厨房的面积减半"。作为成本区域的厨房面积减半,就可以增加利润区域的客席面积。这样一来,就大幅改善了成本利润比。和前一章讲过的减少开店准备工作是一样的,能改善的地方都是和利润挂钩的,所以改善后就会立刻显现巨大的效果。根据功能分析法将吸尘器换成拖把的案例在第2章说过了,和那个案例一样,厨房也是通过一点点改善,最后将面积节省下来的。

变成跟着项目动起来的组织

随着实际操作这些项目,我发现萨莉亚没有一点儿建立新项目或者和项目联动的经验。所有的工作方式都和门店的操作方式一样,大家已经习惯了"来事了就干"的工作方式。因为谁都没有体验过"由自己决定目标后，再朝着这个目标去做"的工作方式，所以，即使我已经宣布："项目开始运作了！"但是很多人仍然呈现"怎么干？如何干？"这样一种完全不清楚的状态。

因此，我邀请了擅长项目管理咨询的芝本秀德先生，在很大的会场聚集了300多人，举行了首届大型培训活动。最初，我是想努力尽快干出点儿效果，所以整整2天的培训中，我让好几个管理人员亲自上台示范，希望能够让大家赶快从懵懂中醒来。我和芝本先生虽然是初次合作，却不约而同地将大家分成了2人一组，我作为项目主管发出指令："如果要解决这个问题的话，必须达成这个目标。""为了达成目标，必须做到这一点。"芝本先生传授具体的方法："为了做到这一点，工作方法就要改成这个样子。""为什么没有考虑到这一步呢？""为了能考虑到这一步，还要有这样的一种思考方式。"在这种任务分担的形式下，一直认为工作只是上级下达命令，他们负责执行的员工们，开始考虑自己动脑开展工作了。

经常有人说"日本企业没有外部压力是不会改变的"，我作为一个外来的总经理如果是"黑船"⊖，从外

⊖ "黑船"一词来自日本历史上的"黑船事件"，此处指外来冲击。

边请来的芝本先生就是这个"外部压力"。这样通过外部压力刺激组织运作的方法是一种常用手段。

在老板一人说了算的企业中经常会看到,在什么都是由英雄般的创始人一拍脑袋来决定的组织内部,交流是很容易被忽视的。项目指的并不是已经决定好的常规业务,而是对没有决定的事情的操作,如果不经常交流,目标无法传递下去,项目也无法启动。所以,有必要从根本上开始修改运作方式。

把经验写在纸上留下来的文化

芝本先生此后给我们做了 5 年的咨询,把项目管理的思维方式植入了萨莉亚的每一位管理者心中。每周一,培训会从早上 9 点开始,花上整整一天的时间,还经常会一直培训到夜里 11 点。我也亲力亲为,从开始到最后都会参与,每次培训结束,最后一个走的也都是我。大家都会跟我说:"总经理,我先走了。"我目送他们一个个离去,每次最后一个走出公司总部的人都是我。

起初的第 1 年,我亲自担任项目主管,为的是培养项目经理。从第2年开始，由董事接管主管职位，但是在一段时间内我还是总负责人。一开始，还会出现3个项目不了了之的情况，但是随着时间的推移，慢慢就不用我插手了，最后到了什么都不用我说，工作都能干好的状态。

不管做什么项目，首先大家的思路都是从"主管的要求是什么""想干什么"开始的，所有主管完全养成了将自己的意图用语言的方式传达给其他人的习惯。主管和经理开会的时候，经理们会一直不停地追问："想做什么呀？"如果不能把主管的意图搞清楚，项目是开始不了的。后来只要有了要解决的问题，大家都知道需要明确目的地，需要考虑到达这个目的地的具体路径。很多人都形成了这种项目思维，这是我认为最大的成果。

另外，还有一个成果就是在纸上做记录。这在一般的公司是理所应当的习惯，但萨莉亚却没有，正好利用这次机会把这个习惯也导入公司。一开始担任主管的时候，我也写不好"主管要求书"，因为大家都习惯了那种"有在纸上写东西的时间，还不如赶紧干活"的想法，所以逻辑思维很弱，写文章的能力也很差。

通过每回都在纸上写下需要解决的问题，消除了从上而下"先自己想想"的命令方式，经理们养成了"先接受要求"的工作习惯。

通过对经理问东问西的做法，改变了原来大家什么事都在现场随便解决的状态，参与者都朝着具体目标，以项目和人员联动的方式去思考和行动。这可是一个很大的改变。

计算每种菜品的利润

还有一个花费了很大的精力导入的事情，那就是和数字相关的培训。我曾经在前言中提到过，萨莉亚没有成本核算让我很吃惊，即使在我接任总经理的时候，萨莉亚也还没有做好成本核算这件事。当然，投资者关系管理（IR）等部门向外公布的数字，以及利润表（PL）等财务会计的系统都是健全的，但是每种菜品的利润是从哪里出来的，这是谁也不知道的。从原材料到提供菜品给客户，完全没有一个健全的、针对每种菜品计算成本和利润的管理会计系统。但是，特别是像萨莉亚这种自己拥有工厂的企业，什么是固定费用，哪里会产生浮动费用，如果不能全部掌握，是回答不了"这种菜品是赚钱还是不赚钱"这类基本问题的，那么公司就会存在软肋。

对于以打造整合萨莉亚基础设施为使命的我来说，构筑可以使用的管理会计系统和培养可以使用它的人才，成了最重要的命题。与以信息公示为目的的财务会计不同，管理会计的目的是给管理者提供他们想知道的数据。如果不完全理解公司上下的业务流程，是不能提供这样的数据的。经营者估计都体验过，财务经理给我们的数据，不管有多少，都不是我们想要的，为了解决这个困境，我真是花了不少时间。从就任总经理开始，我花了很长一段时间，自己从表格里把有用的数据一个一个地挑出来。

可以将这些数据一下子展示出来的系统是在2011年东日本大地震之后才完成的。那个时候，为了给受灾地区提供美味的食物和就业机会，门店在震后立刻就开张了，那时某家店偶然有一位高级工程师光顾，感动于当时的场景，他后来专门选择进入萨莉亚工作。如果没有他，也许萨莉亚的信息系统升级就会搁浅。关于地震灾害的话题，第7章会另行介绍。

组织文化的改革花了10年

花费了大把时间，经历了不懈努力，我终于改造了企业的组织文化，在我就任总经理最后的3年里，萨莉亚终于可以正常运转了。刚任总经理的时候，我曾经说过自己的任期只需要6年，但是出人意料的是，我用了6年的时间还没有走完一半的路程，最终我用了10年的时间，才接近了自己期望的理想程度。

我本来就是生产技术人员出身，所以一直在关注萨莉亚的工厂。2013年建成的千叶工厂，不像其他工厂一样是我中途接手的，它是从最初我就参与建设的第一个工厂。这项工作不适合项目制的操作方式，所以我亲自主导了各个方面的设计，因此这个工厂从零开始到最后开始生产菜品的全流程及其管理机制，可以说都令我非常满意。

投资家经常说："有没有更可视化、更清楚、更容易理解的变化呢？"我整理的都是外界很难看到的幕后工作，这些才是我的目标，是企业的筋骨，是让萨莉亚腾飞的根基。

"霸气总裁"和"收银大爷"

我这样从外边进入公司的"外来者"被赋予的一个作用就是帮助企业发展壮大。第二代总经理特意从外边请人来做这件事,肯定背后是有原因的,可能是因为老板家里人或者老员工干不了,或者是因为有什么问题需要使用"外部压力"才能有效解决吧!

然而有了外部压力,却还是按照以往的做事方法去做,是没有任何意义的。此前对于公司内部的很多事情,大家都觉得没问题,这也是理所应当的事情。对这样的情况也要重视起来,要用怀疑的态度去看待以往所谓的"常识",必要的话还要进行干预。如果想让公司变得越来越大,组织管理和内部沟通是不可或缺的,所有的决定都要记录、留存并传达给有必要知道的人,这种企业文化是不能缺少的。把这些思想当作企业文化,并培养可以将这些文化正常执行的人才,这就是我被赋予的使命。

为了实现这个使命,我不得不变成被大家畏惧的存在。因为温柔地让大家去做,是不可能成功的。为了挑战以往的常识和习惯，我必须有相当的觉悟和准备。特别是面对部长级以上的人，我必须展示出"霸气总经理"的威慑力。不过，害怕我的都是高层管理人员。门店现场的员工，包括兼职的小时工应该都觉得我像一个温和的"收银大爷"。

当事业部部长的那段时间，有时巡店会遇上特别忙的情况，我一般都尽可能地去承担收银的工作。主要是因为除了收钱，其他操作上的事情我也不会做，所以留下了"收银大爷"这么一个称呼，我觉得这样挺好的。

我在日本全国巡回召开SKK会议的时候也是一样，在与兼职的小时工交流的时候，对方会说：

"喂！这次的总经理是谁呀？"

"是我呀！"

"呀！真不好意思了！"

还会有类似：

"总经理，下回举办婚礼的时候您作为友人给充充面子吧！"

"谢绝。"

"小气鬼！"等，这样完全打破上下级关系的聊天。

这些也是我这个"空降"的人必须做的事情。

不排挤老员工

虽说对担任要职的员工贯彻"强硬态度",但我也不会排斥老员工,因为我知道,站在"空降"这个位置上,没有太多朋友还这么做,最终被赶出去的会是自己。

不要因为某个人做得不好,自己不喜欢,就排斥那个人,而是要考虑那个人的生存地位。我经常在想,这个人去哪里才能发挥这种能力呢?萨莉亚原本是一家不进行任何惩罚性岗位调整的公司,员工根本就没有因为失败而被降职作为惩罚的想法。岗位调整给员工带来压力并不是因为这是一种惩罚,而是因为公司期待员工在新岗位能够有更大的作为,员工的压力来自担心愧对公司的期待。

还有一个有效的方法是,谁抱怨哪个部门不正常,哪个人不工作,就把他调到那个部门。"有意见的话,自己去做。"这样改变岗位,意外地会顺利推进工作。

我还注意到一个办法,那就是故意把在公司里被视为"问题儿童"的人安排在自己身边。

本章的开头也提到过,这些人在第一次制订长期计划的时候,也做得不太好,把那些看起来不太好管理的人招进团队,是因为如果把他们留在门店,谁也不知道他们会做出什么事来,这样店里的其他人也很难办,我觉得与其这样,还不如把他们留在我身边,从头开始教他们。与其将优秀的人聚集在自己身边,不如聚集一些与众不同的人,让他们变成"可用的人才"。结果,很多有用的人才从我这里走了出来,这也是我引以为傲的事情之一。

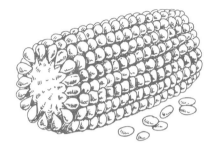

第 4 章

『战略』：萨莉亚的『不服输』

理所应当的事做到理所应当地好

不关注竞争对手，只关注顾客

第 2 章、第 3 章陆续回顾了我进入萨莉亚以来所做的事，这一章我想改变一下话题，看看萨莉亚作为一家成功的企业都有哪些强项。

正如第 1 章所述，萨莉亚原本就从来不关注其他公司，从不想着如何战胜竞争对手，也从不通过分析竞争对手来助力自己制定战略。因为人家做了这样的菜单，所以自己也要模仿同样的内容来做菜单，萨莉亚几乎从不做这样的事情。"因为好吃所以一定想让顾客尝尝看而去做。"这是萨莉亚做所有事的基本思想。

总之，萨莉亚的视野里只有顾客和自己，没有和别人竞争的想法。

因为萨莉亚是这样的公司，所以不存在和谁竞争的"取胜战略"，不需要为了赢过谁而去做什么，但会坚持"因为好吃所以一定想让顾客尝尝看而去做"的想法而从不轻易放弃。换句话说，我们不需要"取胜战略"，但我们需要"不败战略"。想要战胜对手、战胜对手的企业，追求的是比其他公司更有魅力的菜品和服务。我们用"狩野模型"对不同品质给顾客满意度带来的影响进行了分类（见图4-1）。

首先是"有魅力的品质"。然而，有魅力的品质实际上是存在缺陷的，对于习惯了高品质服务的顾客来说，高品质服务会逐渐在顾客心里变得理所应当。也就是说，"有魅力的品质"这种"没有也没关系"的事情，反而会变成"没有的话就会不满意"，因此，为了以"有魅力的品质"吸引顾客，就必须不断推出新的服务，但这是永无止境的。

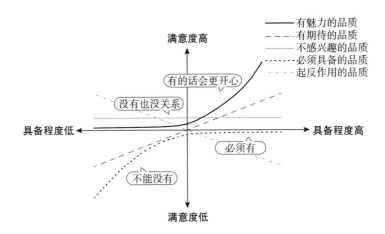

图4-1 狩野模型

"理所应当的品质"理所应当地提供

另一方面,原本"理所应当",或者说"没有的就会不满意"的"理所当然的品质",其标准是固定的。只要不偏离这一点,顾客的评价就不会改变。提供理所应当的品质,不管哪家店都一样,这就是萨莉亚自豪的点,日本1000家萨莉亚店铺追求的目标,也正是这个。

不考虑连锁经营的个人餐厅,往往会追求用有魅力的品质来与竞争对手拉开距离。但是,讲究味道和摆盘,用心呈现一期一会的惊喜,容易成为双刃剑。越以"味道"为卖点的店,味道变了的时候就越容易让人产生不满。没有比"以前很好吃,不过店主/厨师/进货变了,味道就变差了"这样的评价更可怕的了。曾因为"好吃"而大受好评,在媒体上也被介绍过的人气店,几年后就消失了,这样的事实际上并不少见。

店员叫常客名字的服务也存在这样的陷阱,被叫到名字的瞬间很高兴,但下次不被叫到,顾客就会感到不满。那个能叫出我名字的店员要是一直在就好了,但遗憾的是,人在不断地更换,特别是拥有多家分店的连锁店,无法维持这种高度依赖个人力量的服务。而且,习惯了这种"特殊待遇"的顾客中,有一些人会被惯坏,"以前明明帮我做了""那家店明明帮我做了",各种不满就会爆发出来,大声训斥店员。一开始,顾客会觉得能叫出顾客名字的店员很好，但久而久之，反而可能会培养出潜在的"怪物"顾客。所以不能特别对待，统一使用"理所应当的品质"比较好。

不依赖"偶然性"，彻底贯彻"无论何时都是同样的品质"

那么，什么是"理所应当的品质"呢？我们做过问卷调查，比如，菜单黏糊糊的让人很不舒服，摇晃的沙发还有个洞，这类都属于没有达到理所应当的品质。我决定要让这类事情消失。

把店面装修得干干净净要花很多钱，但只要不偷工减料并且定期进行维护，让人感到不舒服的可能性就会降低，所以我在公司制定了一定要重视装修，不能马虎的政策。此外我其实还有很多的事情想做，但是毕竟是1000家门店、数万名员工的规模，有的事情很难落实下去。

虽然装修和维护的时候，我都倡导尽量节约的原则，但是在厕所上还是要舍得花钱的。吃饭的地方有厕所的气味是不能容忍的。详细调查后我发现，男厕的气味很重，进一步说，是因为小便的尿液会溅到外面。弄清了原因，讨论了如何解决问题后，我选择了松下的马桶。

松下这款马桶的特点是，在马桶的水面上会形成带有清洗液的泡沫层。因为清洗液里有洗涤剂，用含有洗涤剂的水冲马桶，马桶会变得很干净，水面也会被泡沫覆盖，泡沫还有防止溅起尿液的效果，因此，男厕的脏水大幅减少，成功抑制了异味。这件事减轻了清扫厕所的负担，因此也受到了员工的好评。

保障理所应当的品质是萨莉亚的核心，这在经营上是一个很重要的定位。我说过萨莉亚是创造"奇迹的公司"，但它并不是通过提供一期一会的惊喜服务而成为"奇迹的公司"的。倒不如说，萨莉亚不追求一次性的"奇迹"，不管如何更换服务员，无论何时何地，无论哪家店，都能提供同样水准的服务。毫不夸张地说，"奇迹的秘密"就隐藏在这里。

连锁店不需要出类拔萃的人才

意大利面装盘时，偶尔会有员工像意大利餐厅里常见的那样，把意大利面卷起来端上桌。但在萨莉亚，这并不是什么好事。因为只有个别人做得好，而其他店未必能做到。我们并不要求这种意义上的突出个性。突出个性的服务不仅没有加分，总体来说反而会减分，因为一定会引起"那家店这么做了，这家店怎么不做"的不满。对于连锁店来说，"把理所应当的事情理所应当地做好"，统一经营标准更为重要。味道的水平也是如此，只有一家店有特色，反而会造成负面影响。因此，如图4-2所示，我们必须设法降低"美味度"的高峰，扩大客人"对味道允许的范围"。

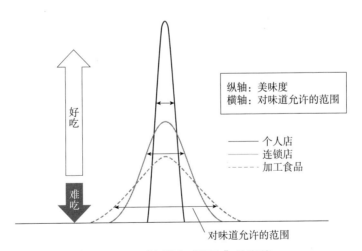

图4-2　对连锁店"好吃"的期待

图中纵轴为"美味度",横轴为"对味道允许的范围",纵向突出的曲线为个人店,纵向相对低的曲线为连锁店,虚线为加工食品。个人店追求美味是合理的,但这样一来,客人对味道允许的范围必然会变小。越是追求味道的极致,一旦味道偏离,客人的落差就会很大。越是以美味为卖点的店,越会因为味道的稍微变化而被说"那家店的味道变差了"。连锁店的菜都不是专业厨师做的,而是外行做的,如果也追求味道,那么更加无法避免每家店的味道都一样。因此,我们要降低"美味度"的峰值,虽然美味的峰值有所降低,但"对味道的允许范围"扩大了,"无论哪家店都能提供同样的味道"是理想的。相比之下,冷冻食品等加工食品的味道虽然比餐馆差了一个档次,但味道的重现性极高。只要在家里加热,就能品尝到几乎和餐馆一样的味道,所以味道非常稳定。"无论哪家店都能提供同样的味道"的再现性和稳定性,就是理所应当的品质。所以,连锁店应该追求的目标还是"理所应当的品质"。

卖得最好的汉堡却不是最好吃的

在上一章中,我讲述了接任总经理时使用范式图明确业务领域的话题。位于三个圆交集的是"桌餐业务"和"快餐业务",所以萨莉亚决定了只做"桌餐"和"快餐"之间的业务。但是,经过各种尝试,我们总算是明白了"桌餐"和"快餐"是完全不同的东西。萨莉亚有着"想让客人高兴"的桌餐DNA,所以如果和大多数快餐店一样让已经点好餐的客人站在那里等待,我们总觉得不舒服。但是,如果把点的菜端到餐桌上,这样就和提供正式的桌餐没有太大区别。如果只定位为快餐,那么明显又提供了过剩的服务,从成本核算的角度来看是不合算的。如果员工判断为"好"的行为,其实影响了门店的利润,这也会影响员工的干劲。

带着这样的想法去观察快餐业,就会发现快餐业有其他的逻辑在起作用。萨莉亚以"好吃"为基础,是一家以菜品为中心的公司,这一点我已经说过好几次了,而麦当劳的汉堡绝对不是因为好吃而被顾客选择的。世界上有很多肉质更厚、口感更好的汉堡。蔬菜是脆脆的，奶酪是浓稠的，面包的口感也很好的汉堡，大家应该都吃过吧。尽管如此，世界上卖得最好的还是麦当劳汉堡，这是毋庸置疑的事实。虽然站着吃的荞麦面连锁店里的荞麦面中小麦粉配的比较多，但是比起卖百分之百荞麦粉的手工荞麦面的个体店，反而更能被社会所接受。不是因为荞麦粉配比或是好吃才会被选择，无论何时何地都能以便宜的价格品尝到同样味道的安心感，显然是很多人选择餐厅的标准。

那么，恕我冒昧地说一句，并非因为"好吃"而被选择的麦当劳汉堡畅销的秘密到底是什么呢？我也做了很多研究，比如尺寸，不管从哪里开始吃，第一口一定会有咸菜入口。比如面包没有黏性，一咀嚼就会和肉一起消失，所以才会给人一种吃了汉堡的感觉。面包如果更有嚼劲，肉会先被吃完，最后只剩下面包，会给人留下太强的吃面包的感觉，很难给人留下吃了肉的印象。连这么细微的地方都计算得一清二楚，看来经典菜品的背后，都隐藏着如此细微而惊人的机关。

蔬菜在进货的时候很难把控重量

接下来是关于读数据的能力。在上一章中也提到过,管理会计需要根据想知道的内容来做数据,增加能够自由使用这些数据的人是非常重要的。如果向门店下放自己可以酌情削减成本的权力,那么门店就有可能吝啬使用维修费用,店面就会因此变得破败不堪,这样就无法维持"理所应当的品质"。所以,大家完全不知道到底哪里可以削减、哪里不能削减,因为他们一开始根本不知道需要什么,也不知道如何管理和降低门店的成本。为了让他们明白这一点,我让他们学习了不同商品利润的计算方法。

说到数据的学习,大家很容易联想到会计,但无论学习多少财务知识和制度,都无法获得真正想要的数据。重要的是,这个数据自己是否能做出来?我经常说,如果用别人给的数据,那么永远都不可能学会如何利用这些数据。最困难的是库存评估。法律上认可的库存商品的单价有各种各样的计算方法,可以是整体的平均值,也可以是使用的最终价格。库存数量也令人惊讶，因为涉及农作物较多，所以根本无法准确把握重量，比如，下雨的时候收获的生菜含有很多的水分，所以会变重，放在冰箱里保管会变得干瘪，又会变轻。此外，如果与签约农户关系良好，则可能会进到比计划更多的蔬菜。从农家的角度来看，这是一种服务，但从会计的角度来看，不知道应该使用哪个时点的重量来核算，我们必须在这样的条件下进行成本计算。

搭建全部门可以相互交流的信息系统

为了培养观察数据的能力，特别是瞬间发现异常值的能力，每天的训练必不可少。说是训练，其实不需要特别学习什么，只要连续看几期相同的数据，就能大致记住。在我看来，数据并不是数值，而是形状，因此，我会注意到与平时不同的数值。毫无疑问，坚持就是力量。我们还搭建了一个数据库，可以对信息进行一元化管理，随时参考必要的数据。

每个部门都花了很长时间讨论想要取得什么样的成果，需要什么样的数据来衡量这些成果。我们没有把这件事完全委托给外部的财务系统公司，只是让他们在现场进行适当的调查，事实证明这种方法是正确的。因为在讨论的过程中，参加讨论的全体成员对于为什么这个数据很重要，为了提高这个数据应该做些什么，都达成了共识。这个流程所耗费的精力和时间成本非常巨大，但也正因如此，培养出了几个能观察数据的人。现在，从那个数据库中自行制作表格进行分析已经是理所当然的事情了，对于之前以糊涂账为主流的萨莉亚来说，这应该是一笔巨大的财富。

持续投资的意义

投资并不是一劳永逸的，如果不持续下去，特别是生产技术，会转眼间老化。某家领先公司采用的是什么技术的信息会一点点泄露出来，所以光靠模仿就能学到。因此，领先的一方必须不断前进，才能不被追上。亚马逊创始人杰夫·贝佐斯在餐厅的餐巾纸上画的传说中的循环图（见图4-3），最内部的循环通过循环获得"增长"后，再作为资本不断地投资于基础设施建设，也就是外侧的循环。通过这种持续的投资，亚马逊建立了庞大的物流系统，并凭借成本领先战略成为其他公司难以企及的强者。工厂也一样，不是建成就结束了，必须不断投资，不断引进新技术。

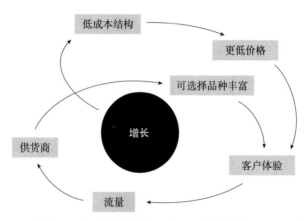

图4-3　亚马逊创始人杰夫·贝佐斯的循环图

比如，萨莉亚的澳大利亚工厂在制作白色酱料时，最初使用的是鲜奶油。但是鲜奶油不仅价格高，供应也不稳定，如果持续干旱，价格就会进一步上涨。于是我们花了数亿日元购买牛奶，自己在公司进行浓缩。牛奶的价格虽然也有变动，但没有生奶油变动那么大，因此形成了即使遭遇干旱也不用提高成本，稳定供应白色酱料的体制。

粉末类工厂和液体类工厂是完全不同的

神奈川工厂旁边的比萨工厂也属于新投资的一环。比萨的原料是小麦粉。之前的萨莉亚工厂都是以用水为前提的液体类工厂，所以新工厂必须分开。以前的工厂里，洗蔬菜和清扫都需要用水，但我知道如果这样建造面粉厂，就不会有什么好事。

粉末在干燥时不会发生太大变化。干燥的粉末非常轻，四处飞散，但当它遇到水分时，就可能滋生微生物。所以一旦用水，就会提高工厂内的湿度使水滴飞溅，最后导致到处发霉。

因此，粉末类工厂必须做到滴水不进。不仅建筑物之间要完全分开，哪怕是同一个人，也不能在两边的厂房来回进出。

比萨工厂刚建好时，我去视察，发现在使用面粉的地方可以用水，我立刻命令他们重做。工厂因此延迟了一个月开工，这也是没办法的事，在发生问题之前处理好，相比发生问题之后再去处理，代价会小得多。

关于水的使用，门店也改变了一般的处理方法。一般来说，厨房的地板经常泡水的餐饮店并不少见。如果把冲水打扫变成了理所当然的事，那么只要地板湿了就会觉得打扫干净了。但是如果这样做，地板刚干的时候污垢就会浮现出来，还会形成水流的沟槽，溢出的食材和油会通过这些沟槽让污垢扩散。进一步说，如果有营养和水，微生物就会生长，厨房的环境就会很恶劣。对于工厂出身的我来说，这样的事情是绝对不容许的。

并不是解决了垃圾、油和水的流向就可以解决问题，这样反而会使问题变得更糟糕。于是，对萨莉亚的门店进行了新的投资，采用了干式厨房。这在业界也是划时代的举措，地板不湿，扫除只需拖地，工作人员的鞋子也不湿，到店内也不用担心弄湿地板。在烤肉店和中华料理店，地板被油溅得滑溜溜的并不稀奇，哪怕仅仅是客人区域的地板被水弄湿，也有客人滑倒的危险。尤其是雨天，淋湿的地板让客人有跌倒的危险，所以保持厨房干燥的好处比大家想象的要多得多。

店里的空调制冷不给力,看是不是因为缺乏常识

另一件让我吃惊的事是,厨房的空调滤芯安装在天花板内侧。安装在这样的地方,如何更换滤芯呢?一开始,我甚至无法用眼睛确认它是否有污渍,这种事情在工厂里是不可想象的。需要目测确认的东西,放在目光所及的高度是基本原则,因为一眼就能看到,就可以知道脏不脏,然后定期更换,但是,如果在天花板内侧,我们不知道什么时候该换,只能请专业人员钻进天花板去换,这样还很容易把天花板踩坏,仔细看的话,天花板上确实留有很多被踩坏的痕迹。

空调室外机的使用也是令人惊讶的事情之一。室外机的功能是将热量散发出去,因此室外机所处的环境很重要。但是,由于各种各样的原因,有时我会发现室外机被放在了令人吃惊的地方,甚至还有把室外机放在室内的情况。萨莉亚的许多门店都与室外隔着一层玻璃,因此,在夏天很容易因为强烈的紫外线而导致有些店的店内温度上升,所以也经常会有店员将温度直接设定在20度以下。对于这种情况,我当时建

议在室外机周围洒水,水在变热的地面上会蒸发,会大幅降低温度。在没有空调的时代的日本,用"洒水"的方式散热是理所当然的。

我经常看到室外机因为不知道该放在哪里,而被摆放在楼顶上,这样室外机暴露在直射阳光下,想冷却也冷不了。如果觉得空调的制冷效果不好,那么就有必要从这些地方来重新考虑。路边经常有天花板很高的商店,像教堂一样的建筑,乍一看,可能会觉得它的开放感很好,但我会马上说"装个天花板吧",这样就可以缩小空调的辐射空间,保证空调的制冷效果,大幅减少电费。

服务业的产能提升不上来的理由

房间太热实际上是在浪费能量,这些都是只要有一点儿相关知识就能明白的事情,餐饮业的人却几乎没有这种敏感度,因此,会把空调好不容易冷却的冷气又用排气管道吸出去了,这种矛盾的事情会毫不被人在意地发生着,要知道,没有比冷气更贵的了。

一旦工厂出现问题,人们就会深入挖掘问题的根源,然后用技术解决问题。但是每一家餐饮店的规模都很小，还有随时关门的风险，前面的店如果做得不好也会有其他的店进来，即使有问题也很难用技术解决，门店装修也只是全权委托给专业人士，所以一般不会继承这些经验。

所有工厂都是通过计算后来设计和运营的，例如，如果能源使用量与其实际效果之间存在差距，就必须有合理的说明。因为工厂里的很多人都具备要蒸发1摩尔的水需要多少千卡的相关知识，也因为这些细节都做到了，所以大型制造业企业的生产效率比服务业企业高得多。

极端地说，我认为这是产业成熟度的差异。只要把制造业积累起来的知识、技术运用到服务业，服务业的效率就会提高，对生产效率的提高也会有所帮助。从味之素来的我，如果能在这个领域助萨莉亚一臂之力，没有比这更让我高兴的事了。我是这么想的，所以也一直在这方面努力着。

废除只会给别人下命令的"××长"，建立扁平化组织

上一章说过，如果把员工型的人和领导型的人混

淆，大家都会陷入不幸。员工型的人是工匠型的人，其中也有可以在专业领域成为专家的非常优秀的人才，但这样的人当领导，是无法驾驭部下的，而且这个人和他的部下都会感到疲惫。不知道为什么，日本公司的组织中总是喜欢把这种非常能干的人提拔为"长"，也许因为很多人认为只有当了领导才能独当一面。

了解了这样做的弊端，我一度取消了"长"这个职务。废除了店长，统一为"ospitare"；废除了地区长，统一为"societta"。"ospitare"在意大利语中是"待客人员"的意思，负责考虑如何招待来店的客人和安排店员的工作；"societta"要考虑谁在什么时候上班，负责完善所辖门店的运营计划。

之所以这么彻底，是因为如果职务中有"长"字，就会有人误以为这是命令别人的工作。明明是自己的工作，却命令下属去做就认为"工作完成了"的人在任何组织里都有，那是不行的，而且不能因为只是下达了命令就可以拿到比下属高的工资。正因为如此，我才把所有的职位都变得扁平化了，职位的名字也变了。被称呼为"长"的只有部长1人，1000家店里只有一个带"长"的职位。对于那种员工型的专家人才，我给他们新增了"大师"这个职位，可以就专业内容对别人进行指导，但没有下属。这样一来，员工型人才的职业生涯也有了发展。

绝对不能让员工型的人当领导

管理者需要的是决断力。为了遵守制定的组织纪律，有时不得不做出不近人情的决断，这就是管理者的工作。没有决断力、优柔寡断的人当领导，会给周围的人带来麻烦。越想被别人认可的人越有想成为"长"（领导）的倾向，这是导致错误的根源。想让大家喜欢自己的人，不会做出把别人逼入绝境的决断。在乎人情的人也不适合当领导，即使被人讨厌，也要做出正确的决断，这一点很重要。

另外，执着于一件事，埋头于眼前工作的人大多属于员工型。这种人如果能锁定目标并投入其中，就能发挥出惊人的能力，但他们并不擅长处理接二连三的任务，所以不适合做领导。适合做领导的人，大多能够处理很多问题并且能够迅速处理眼前的工作这两种人没有"好"与"不好"之分，只是"适不适合"

的问题,所以完全没有必要因为自己不是领导型的人而感到悲伤。在日本企业的组织中,生产线上的管理者高高在上的观念根深蒂固,为了打破这一现状,也有企业尝试为专业人才开辟职业道路,但迄今为止都没有显著成果。由此可见,大家对于"长"的憧憬是多么强烈。

简单来说,类似经理等这种领导职位成了认真工作的"奖励",这确实是个问题。助长这种现象的是工资体系,几乎所有的公司都是不升到"长"就不涨工资的制度,所以所有人都以此为目标,有很多人因此而变得不幸。"那家伙是课长,我却不是课长,太奇怪了。""他赚的钱多!""为什么我不是部长?"这样的抱怨也是基于对领导工作的误解。"长"只是一种角色,是"适不适合"的结果,并不意味着比别人更伟大,也不是对公司贡献的奖励。我衷心希望不再出现对任何人都没有好处的人事安排。

在检查表上画个勾的工作谁都会做

从职位名称中去掉"长"字的时候,我最想说的是，门店经理应该关注的不仅仅是顾客，为员工创造良好的工作环境也是领导的职责。但是，一旦成为"店长"，就会出现把员工当作工具使用的人。当然，领导有必要对门店发出指示，让其正常运转，但如果每天的工作只是发号施令，就会非常奇怪。为什么这么说呢？因为这样会让很多人认为发出指示就是自己的工作，不知不觉中，发出指示，然后检查大家是否遵守，是否按照既定规则行动就成了他工作的目的，而且一发现错误，他就冲出来抱怨："这样可不行啊。"

这简直就像网络上的"××警察"，一旦发现用词错误就会指出来，比如，每次把"萨莉亚"写成"萨丽亚"都会被指出来。如果发生了错误，就要思考为什么会发生错误，如何预防错误的发生，如何利用各种人才和各种办法尽快解决问题，如何避免同样的错误再次发生，这才是领导的工作。如果只是一手拿着检查表，一手看看是否做到了，然后画勾或画叉，谁都能做到。公司不可能就为了这种事情，给这种员工更高的工资。

区域经理不是高级职位

店长应该不仅会命令别人，还会给自己分配任务。被任命的区域经理也不能只是确认一下名单，说个"好"就结束工作了。统管门店的区域经理每天都要到各门店去巡店，因为要管理20～30家门店，很多人都是只看看检查表，然后指出没有完成的地方，就觉得工作完成了。

对于在现场工作的人来说，区域经理这个职位很容易被认为是"高级职位"。自己好不容易才爬到这个位置上，这种成就感和松懈感导致有些人莫名其妙地趾高气扬，安于地位，结果出现了可有可无、只负责检查的经理。"检查员"流行的原因之一，也是因为店里以日常工作为主。无论哪家店，为了提供同样品质的服务，手册化和规则的整备是必要的，但是并不是一旦决定了规则，只要遵守规则就行了。为了顾客或在店里工作的员工，有必要不断地改善规则。但是，认为检查规则是否被遵守就是工作的人，从一开始就没有改善规则的想法，他们认为规则是用来遵守的，而不是用来修改的。

如何能让一直以来埋头于具体操作的人,特别是如何能让区域经理养成每天不断改善规则的习惯呢?考虑再三,我决定让他们参与各种各样的项目。

用有期限的项目改变对工作的态度

运营管理和项目管理之间最大的区别在于是否有目的和截止日期。项目中的每个任务都设定了目标(目的)和期限,最重要的是期限。而对于运营管理的日常业务,大部分情况下都没有必须在什么时候完成的截止日期。因为目标还没决定好,就算开始做些新事情,也只是喊口号而没有有计划的行动,时间就这么拖拖拉拉地过去了。对于项目管理,因为必须在期限内做出成果,所以很容易想到如何团结团队、如何激励员工等,两种管理的思路完全不同。

可做的项目主题无数,比如,男厕为什么那么臭?怎样才能抑制异味?试着调查,就会有很多发现。知道了是因为尿液飞溅,也就能找到对策了,如果换成泡沫马桶,就几乎不会到处飞溅了,洗起来也很方便。在本章的开头提到的所有门店换了松下马桶的事情,就是作为项目管理成果而决定引进的项目。另外，调查中还发现了排气扇的位置也是个问题，因为气味是从下面产生的，但是换气扇安装在厕所的上面。这样一想，就可以看出那里还有改进的余地。这些知识，仅靠日常操作是绝对不会自动出现的。

还有更大的项目，我召集下届经营者候选人，组成了"战略问题解决小组"（简称SMKG，取日语的首字母）。我给他们的课题是：研究新业态的盈利模式。全体人员反复讨论和研究，然后在高层面前汇报研究成果。让我这么深入思考的原因是，只有我一个人考虑这些事情，新业态就无法继承，所以我才将训练定位在此。

不让员工用耍诡计的方式出类拔萃

我在第1章的时候提到过，萨莉亚门店里没有任务，没有任务就没有门店之间的激烈竞争，因此就不会有通过作弊来让自己的门店看起来更好的想法，这也是萨莉亚的优点。

虽然没有任务，但如果工作完全没有动力，现场的气氛也会松懈下来，所以公司设立了总经理奖，每年表彰一次。但是，审查标准每次都不一样，也不会提前公布。只是在颁奖的时候颁奖人会说，"这次选了这个人，是因为这样的理由"，然后就结束了。被颁发总经理奖的人会被奖励出国旅游，还有的人会和我一起去意大利研究和学习。

不事先公布审查标准的原因是，如果提前说出来，就会有人为了符合标准而刻意努力。在萨莉亚，耍这种诡计是不受欢迎的。因此，我会发现那些率先做了大家都不会做的事情的人，并给予表扬。比如，有些人打烊后还在店里磨磨蹭蹭地工作，要知道收尾工作不管做几个小时都不会产生利润，而且因为是深夜，所以各种风险也会变高，因此我希望工作人员尽快回去。但是，即使直接下达命令，一线店铺的情况也很难改变。有一年，我调查了时间记录卡，表扬了从关店到下班时间最短的店，然后再简洁地说明表扬的理由，目的就是让大家明白做这样的事会得到表扬。

相反，如果想让一线门店做点儿什么，事先撒下诱饵，反而没人反应，这让我吃了一惊，而让员工自主做些有益于经营的事，事后再追加认可和表扬，这样的做法似乎更适合萨莉亚。

第 5 章

爆品的研发方式

『肉酱焗饭』：开发下一个『米兰

对于"好吃"的不同定义

萨莉亚绝对不属于人们在特别的日子去的高级餐厅,而是人们随时可以去的"日常餐厅",因此店里的菜品必须以"即使每天吃也吃不腻"为前提条件。关于菜品,如果味道太浓厚,虽然当时觉得好吃,但是一般吃一次就会让人产生"一时半会不再想吃"的想法。另外,那种烹饪过程和摆盘等各种细节都很讲究,但是实际上能吃的部分只有一点点的"完全吃不饱"的高级料理,从一开始也不是萨莉亚的目标。

在味之素的时候,前上司就总是问我"来不来萨莉亚"，我原本是打算拒绝的，因为我在味之素是负责化学成套设备的，觉得自己的领域和连锁餐厅完全不在同一条线上。但是，不管拒绝了多少次，前上司还是锲而不舍地回来找我，甚至最后非得让我见一下总经理（现在已经是董事长的正垣先生）再决定，无奈之下，圣诞前夜我去见了正垣先生。总经理和我，还有一直喊我去萨莉亚的前上司，我们三个人围坐在人均几万日元的高级餐厅的桌旁共进晚餐。突然，面前摆着豪华餐盘的正垣总经理说了一句让人吃惊的话："这些菜不好吃吧？这些充满了技巧的饭菜都是为了卖而做的，是为了让客人花更多的钱而做的，所以不会好吃，也不能每天都吃。"听了这番话，我的感觉就是，正垣总经理对于"好吃"的定义和别人是不同的。

总经理的这番话打动了我，我当时心里一直在想："他到底是怎样的一个人啊？"那天见面之后，我就决定入职萨莉亚了。在萨莉亚的日子，我也经常听到"为了卖而做的料理，为了赚钱而存在的料理"这类评价别家餐厅菜品的话。比如，人们经常用这种说法来评论红酒，法国红酒和美国加利福尼亚州红酒都是为了卖钱的酒，而意大利的红酒是为了喝而存在的酒。

封存了好多年的陈年红酒偶尔喝一次可能还行，但是如果每天都喝就会觉得身体的负担太重了，不过意大利的红酒因为就是那种每天都可以喝的红酒，所以其新鲜的味道被很多人喜欢。在意大利，经常可以看见有人拿着空瓶到酒窖里去直接灌酒喝。意大利的红酒就是这种随时可以喝的酒，起码不属于那种需要花很多钱而且需要喝出点儿名堂的"高级酒"，所以，在萨莉亚的菜单和价格中其实融入了很多正垣董事长的思考。

反复试吃后了解了"萨莉亚的味道"

萨莉亚的菜品开发自创业以来就是（当时的）正垣总经理的领域。后来我成了菜品企划部的部长，就要对菜品开发背负责任了，显然，按照自己的喜好设计菜单肯定是不行的，必须考虑的是，不能破坏属于萨莉亚的味道。

总经理具备一般人所没有的味觉系统，而且他形容味道的用词也非常独特，比如，他会说，"这个味道就像湿透了的报纸""这个就像玻璃被研磨后的口感"，他经常会用其他的东西去比喻食物的味道和口感，还会用一些让人很难理解的表现形式。如果有下属能够理解总经理的语言，当然是最理想的，但是没有这样的人，所以我就必须去理解总经理到底想要表现什么样的味道。

为了实现这一点，我就只能和总经理一起去试吃各种各样的东西，然后去理解他想要表现的味道。所以无论是改良菜品还是新菜品，我都会拜托相关部门做出来让我和总经理一起试吃。这样的试吃工作一直反复进行着。为了更好地理解总经理的味觉，我也去了各种各样的餐饮店，比如为了尝一尝有名牛排店的玉米而花费数万日元去试吃。就这样不断努力，我终于找到了属于萨莉亚的味道。所以，在菜品企划部的几年我的体重增加了15公斤，导致我经常腰疼，严重的时候甚至都要拄拐杖了。

我成为总经理后，和正垣董事长重新进行了分工。董事长擅长挑出好吃的东西，所以他继续发挥这个长处，负责甄别味道，然后由我来对好吃的东西进行商品化改造。

菜品使用刚摘的蔬菜

成为总经理后,我曾经带着厨师队伍前往意大利考察,目的是让他们学习意大利的传统料理和有关食材的知识,我们还会去食材的产地吃想吃的东西,其实就是一次兼具旅游意义的考察活动。通过深入意大利当地,我们发现了很多以前没听说过的料理。后来我们把好多意大利当地料理作为"大家都不知道的料理",进行了商品化改造。

另外,我们还做了一些非意大利料理领域的改造,比如蔬菜。因为最初进公司的时候我是从农业入手的,后来又带领团队建造了工厂,所以我认为蔬菜的生产和加工有很多可以改善的地方。这样的想法来自我在农家吃的蔬菜曾经让我大吃一惊——味道和超市里卖的蔬菜完全不一样。所以,我就给自己设定了一个目标——一定要让顾客吃到和在农家吃到的蔬菜一样的味道。这也是秉持了萨莉亚的初心,并不是因为"好卖而去做",而是"因为好吃所以一定想让顾客尝尝看而去做",同时我相信,这样的初心应该是所有成功店铺的共通点。

　　蔬菜是否好吃与新鲜程度是有关的，很多蔬菜都是一旦被收割，味道就开始逐渐变差了。我还知道了蔬菜有很多被废弃的部分其实也是可以吃的，所以蔬菜都是尽可能趁着气温低的时候收割，收割后马上低温保存。后来，我们连以前不会使用甚至废弃的部分也一起采购，然后将蔬菜尽快运到工厂，在美味度下降之前进行大量加工。

要让好吃的蔬菜更便宜、品质更稳定

　　从农田中刚摘下来的和市场中卖的味道差异最大蔬菜的是西蓝花和玉米。萨莉亚原来使用的是美国的冷冻玉米。在美国，玉米田里一般都有工厂，为了防止味道劣化，玉米被大型收割机收割后，马上被搬运到工厂进行加热并去除酵素，所以我们吃到的玉米是甜的。萨莉亚尽可能地希望用表皮比较软的玉米，如果玉米完全成熟了，为了保护玉米果实，玉米的表皮会变厚，所以我们会拜托供应商在玉米没有完全成熟的时候就进行收割。但是，没有完全成熟的玉米颗粒比较小，所以会导致产量降低，这样一来，玉米的价格就会变高，不过还好我们采购的量比较大，整体价格还是比较便宜的。

西蓝花是在日本生产的，而且我们会尽可能地向我们的合同菜农采购所有我们能使用的部分。西蓝花在烹饪的时候一般只会用到花冠的部分，其实根茎的味道和花冠是相同的。不过根茎外面的皮是硬的不能用，中间有一些硬的部分也是不能用的，把这些地方废弃掉就好。对于这些根茎，我们在菜品开发方面下了一些功夫，研发出了可以大量使用西蓝花的汤品。可想而知，使用大量新鲜的西蓝花做成的汤品不可能不好喝。不过，当时遇到了一个问题，供应跟不上，现在已经完全不是问题了。

其实观察一下其他的餐饮连锁店就明白了，菜单里关于蔬菜的菜品其实很少。特别是关于叶类蔬菜的菜品数量更是有限的。虽然最近因为消费者的健康价值观逐渐高涨，菜单中加入沙拉的餐厅在增加，但是蔬菜价格贵，而且很容易变质，能和萨莉亚以同样的价位，用同样量的生菜做成的沙拉我从来没有见过。有的餐厅可能会用卷心菜来替代生菜，但是如果同样用生菜就完全不可能了。关于生菜种植的内容在第2章介绍了,萨莉亚就是因为在生菜方面下足了功夫,才有了现在的局面。

另外,我们在番茄上也下了功夫,而且还不断地进行品种的改良。日本一般的番茄只要用刀一切,果肉就变形了,所以需要在门店进行加工,这样就会相应地花费大量的人工费用,而且用普通的菜刀切会提高员工受伤的风险,所以需要用专用的刀。专用的刀虽然可以降低受伤的概率,但是会导致番茄的很多部分无法再使用,只能被丢弃,后来我们把薄切改成了切八块的方式。如果切番茄的时候不会破坏果肉,那么就可以在工厂加工。为了可以在工厂大量加工,切法也改良为切成丁状。食材的品种或形状发生很大变化的时候,要保证在顾客不投诉的前提下一点一点地试着改善,慢慢地推进研发的进度。

食材方面也要迎难而上,不断改善

想必番茄的例子已经可以说明,如果想要提升食材的品质、减低成本,需要在各个方面进行改善。不过也只有像萨莉亚这样在生产的全流程都会进行管理，才能做到这些事情。一般情况下，在新菜品开发的时候，必要的食材从哪里获取是个问题。如果是规模比较大的连锁企业，因为会优先保证稳定的供应，所以一般会优先考虑向签约的菜农大量采购，然后依靠自身强大的购买能力，采购当时最便宜的东西，这确实是个降低成本的战略。

但是，为了追求便宜，而频繁地更换供应商，就难以保证品质的统一性。如果想无论何时都能保证同样的味道和品质，最好是用固定的供应商。但也不是只从同一个菜农那里买就可以解决所有问题，还需要根据自己的需求参与品种改良，合理分配每个农户的生产量和交货时间，甚至直接参与生产过程，正是因为做到了这个程度，萨莉亚才有了具有竞争力的低价、品质和稳定的供应这一系列无法被别人简单模仿的优势。

食材的生产、采购、加工、物流配送、门店供应一气呵成的萨莉亚，标榜的是垂直统括管理。层层向上追溯，最后只能着手于食材本身。反过来说，正是因为着手于食材本身，才让萨莉亚走向了蓝海，在同行中脱颖而出。

被誉为"餐饮界的优衣库",所以可以做很多事

我来萨莉亚之前是个搞化学设备的生产技术人员,所以在考虑新菜单的时候会和厨师以及餐饮界的人拥有不一样的思考逻辑。比如,一道新菜开发出来以后,一般接着会考虑能够提供所需食材的供应商,这属于一种对症疗法;但是我一般会追溯食材的源头,用技术来解决食材问题。

一旦抽象出共性和规律使方案具备普遍性,方案适用的范围就可以扩大,只要构建了模型,解决方案的射程就会变长。这也就会成为所谓的企业核心竞争力(公司真正的强项,即核心能力)。如果方案只能适用一种情况,充其量也只能称为竞争力,而不能成为持续创造差异化的源头。

所以,萨莉亚的目标是从优衣库学来的SPA(服装版的制造型零售)模式,可以说类似优衣库的餐饮版(SPF:餐饮版的制造型零售),在生产环节上直接挑战原材料改善,用技术来解决问题。但是,听说优衣库的原材料开发是和化学厂商合作的,萨莉亚的蔬菜

栽培却是完全自主运作的。可以说萨莉亚做到了极致，所以才创造了差异化。

很多人只知道萨莉亚是个便宜的意大利料理店，但其实是因为它搭建了一套坚固的体制，才能持续保证高性价比的美味菜品。萨莉亚并没有什么魔法，只不过是一个依靠技术和智慧创造奇迹的公司。

直到做成了白酱的阿马特里切意面

再给大家介绍一个厨师团队每年去意大利各地考察游学后诞生新菜的故事。诞生的菜品就是在2016年被热议的阿马特里切意面，这款意面的诞生包含着各种各样的偶然性。

我知道日本很早之前就有阿马特里切意面，但是只有红酱的、番茄味道的阿马特里切意面。有一年，考察游学行程从意大利半岛中部山岳地带的猪肉产地开始，然后向罗马方向移动。在向罗马移动的途中，我突然想起了什么，看了一下地图，发现了一个叫作阿马特里切的地方。

"这不就是阿马特里切意面的发祥地吗？应该去看

一下啊!"于是我们临时更改了行程,进了阿马特里切的一家餐厅。确实和我们想象的一样,真的有阿马特里切意面,但是,除了红酱的,还有白酱的阿马特里切意面。于是,我问了一下店里的人:"为什么还有白酱的意面?"店里的人回答说:"在番茄味之前就有了啊,白酱的才是始祖。加入番茄的红酱意面只有200多年的历史。"这番话着实让我吃了一惊,我带着"太有意思了"的想法回到了日本。

阿马特里切成了意大利中部地震的受灾地

没想到几年后的一天,我们正在本部开成果报告会的时候,手机上显示了几个字"意大利中部地震"。这场地震又被称为"阿马特里切地震",受灾的中心地区阿马特里切的老百姓死伤惨重。我赶快试着和当地取得了联系,得知当时给我们做阿马特里切意面的老奶奶也不幸遇难了。

我当即决定要办一场向阿马特里切募捐的活动,从每份阿马特里切意面(红酱和白酱两种)的售价中拿出100日元(原价是含税399日元)捐赠给当地,并且下达了一旦筹集到 1 亿日元就会拿到当地去捐赠的目标。地震发生的时间是 8 月 24 日，从那天开始，我们马上对红酱和白酱两种阿马特里切意面进行了商品化的研发，并且明确写上"支援意大利中部地震重建""从每份意面的售价中拿出 100 日元捐赠给受灾地区"这样的标识，然后在日本国内各个店推出。菜品一经推出立刻爆卖，很快就达成了 1 亿日元的目标。地震发生 2 个月后的 10 月 23 日，拿着 1 亿日元的员工飞到了当地，据说受到了当地人的热烈欢迎，连当地电视台都报道了。也因此，萨莉亚的名字深入了一部分意大利人的心中，而在日本阿马特里切意面这个名字也变得人尽皆知。

这个话题没过多久，料理人兼餐饮店策划人稻田俊辅先生也吃了白酱的阿马特里切意面，吃完后非常感动，随即成了萨莉亚的粉丝，他还写了关于萨利亚的书《我知道了人气连锁餐饮真正的强项》（扶桑社，2019 年），也是借着这本书我认识了稻田先生，后来他的另一本书《餐饮店真正的强人》（扶桑社，2022 年）中还收录了和我的对谈内容。

找寻大家都不知道的意大利料理

阿马特里切意面是阿马特里切地区自古以来就有的意大利风味面。最先出现的是加入了用盐腌过的猪脸肉和用羊奶做成的佩科里诺干酪这些意大利当地食材做成的白酱意面，后来加上番茄就成了红酱的阿马特里切意面。

明白了这个路数后，我的世界又变大了。比如，白酱的阿马特里切意面里加入鸡蛋，就变身为奶油培根意面。奶油培根意面的发祥地是罗马，所以我就想象，会不会是白酱的阿马特里切意面流传到罗马的时候，被发明了加鸡蛋的吃法，就成了后来的奶油培根意面。再深入思考一下，有无可能罗马那种撒上芝士粉和黑胡椒的比较简单的传统黑椒芝士意面，都是从阿马特里切意面衍生出来的。

由于阿马特里切意面的成功，"找寻大家都不知道的意大利料理"成了一个研发的新目标。比如，超高人气的意式烤羊肉串也是对日本人没听说过的意大利传统料理进行了商品化改造后推出的，而且意式烤羊肉串很吻合社交网络时代的特点，因为在社交网络上的热议而卖得太过火爆，以至于因生产误算而供不应求。

被改造为日本风味的料理成了畅销品

来自印度的咖喱、来自中国的拉面都是迎合日本人的口味被改良后才被日本老百姓接受的，所以日本风味的改造是打造畅销品的原动力。打开萨莉亚的菜单，意面部分虽然都是以意大利的意面为基础改良的，但是最受欢迎的一款是鳕鱼子酱西西里风意面。鳕鱼子意面和明太子意面都属于和风意面，之所以受欢迎，也是因为符合了日本人的口味。萨莉亚的鳕鱼子酱西西里风意面上有很多海苔，那并不仅仅是装饰，还有掩盖鱼腥味的效果。

再来看一下萨莉亚另外一款代表菜——米兰肉酱焗饭。焗饭本身就是日本人发明的吃法。焗饭就是把米饭撒上白色酱料以后再进行烤制的奶油烤菜。最初米饭用的是日本人熟悉的加入番茄的米饭，现在因为在工厂里也可以简单地把米饭做出来，所以改用姜黄饭、在这种姜黄饭上面再撒上白色酱料或肉酱。肉酱里会掺入大量番茄，因为希望更容易被顾客接受，所以会用到富含氨基酸的美味番茄。

世界三大料理，中餐、法餐、土耳其餐，分别是温带气候（高湿度）、地中海气候（有些许干燥）和沙漠气候（干燥）的代表料理，各地湿度不同，食物风味也不同。湿度高的地区食物容易腐烂，所以会更多地用到发酵调味料，这些调味料中富含的氨基酸是美味的代表元素。氨基酸可以让美味延伸，让人下饭是它最大的特点。而地中海气候的地区，食用的肉都是适度的熟成肉，肉里面起到美味作用的是核酸，虽然很美味，但是会让人感觉味道很猛烈。沙漠气候的地区，在食物腐烂之前就会对食物进行干燥处理，所以经常会用到醋或者食用油这类调味料，因此产生美味效果的就是这类调味料中富含的有机酸或者脂肪酸。我们参考了这些知识后，在日本对各种意大利的料理进行了改良，可以说改良的更多是以氨基酸为要素来考量的。

世界各地都开启了餐饮的本土化改造

在日本，迎合当地人口味的意大利菜卖得好，在中国，萨莉亚也将迎合中国人口味的麻辣意面收入了菜单，和日本一样，也是这类迎合了当地人口味的菜品更容易成为人气菜品。看来，结合当地人喜好的"餐饮本土化"改造不仅仅在日本很重要。

一个有意思的现象是，和中国人相比，日本人点菜的方法有显著的不同（见图5-1）。比较每类菜品的点单数，我们可以看出，日本的点单和标准的点单有50的偏差值，再来看中国的偏差值，"开胃菜""汤品""意面""比萨"的点单偏差值超过75（图5-1中突出的部分就是点得比较多的菜品）。日本点单集中在"焗饭""面包、米饭"和"葡萄酒、酒类"，也就是米和酒的组合，有个说法说日本是米饭和买醉的天堂，也就是说，喝酒的最佳搭档是米饭或者面类的主食。

从这个现象中我了解到，中国人的点菜方式是那种一定要有"开胃菜""汤品""意面""比萨"的套餐组合型料理，而且会和吃中华料理的时候一样，点大份，大家一起分享着吃，这样就可以同时品尝很多菜。在这一点上，我深感中国绝对是饮食方面的发达国家。和中国完全不同的是美国，我在餐厅观察美国人用餐，一般都是每个人只专注吃一个菜，如果那个菜没吃完还会打包,第二天还能很享受地再吃一次。说起来,美国最大的意大利连锁餐饮店 Olive Garden 的所谓意大利料理也是完全美国化的。听说虽然也会派遣员工前往意大利研究学习,但是员工会被要求不能模仿它们(意大利)的味道。

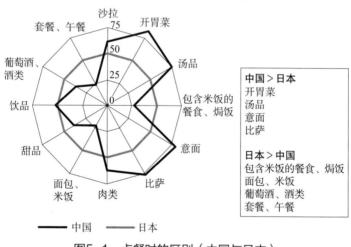

图5-1 点餐时的区别(中国与日本)

发祥于美国的麦当劳也正是因为参考了各国的饮食文化才变得好吃,比如日本麦当劳把照烧汉堡加入了畅销品的行列,中国和泰国麦当劳的早餐中都融入了粥,这些本土化的改造受到了当地客人的喜爱。

"意面必须有嚼劲"的说法已经不合适了

20世纪80年代后半期到90年代初,日本正处于泡沫经济的鼎盛时期,有很多地道的意大利人进入了日本,那个时候被誉为"意饭"的意大利料理很受欢迎。为了让意面变软但又不能煮过头,有一点儿嚼劲的面条是通常的吃法,可能有些日本人还记得,那个时候能把面条做出这种感觉的餐厅都会受大家欢迎,但是,现在很少会看到认为"意面必须有嚼劲"的人了。其实喜欢中间还残留硬芯这种硬的意面的人,哪怕在意大利也是没有的,就连手工做的生意面也没有硬芯,在家吃的时候也一样,从大盘子里分面的时候面就逐渐变软了。

本书的前言提到了一个将萨莉亚的菜品称为"妈妈的味道"的意大利人,他为什么能如此表扬萨莉亚呢?原因之一就是,萨莉亚的意面不是那种有嚼劲的面,而是软面。

听说现在有些店会刻意延长煮面时长,会在沸腾后的标准时长上再延长3分钟左右,如果意面袋子上写的是 9 分钟，那么实际上就煮 12 分钟再出锅，这样在某个瞬间，意面的黏度就会发生巨大的变化，可以理解为那个状态是最好吃的。有的人可能会觉得，煮好后放置一段时间，意面也可以变软，但是那样面会黏在一起，味道也会变，所以不推荐这种方法。

第6章 萨莉亚为什么能够被中国市场接受：出海的成功案例

在上海昏暗的巷子里悄悄开了1号店

萨莉亚在国外的门店共计485家,其中,中国共计453家,新加坡共计32家(数据截至2023年8月)。出海业务是以上海为起点的,2004年萨莉亚在上海开了第一家店。最初,虽然我并没有直接管理萨莉亚的出海工作,但是负责出海项目的是我原来在味之素的老上司,他也是非常有出海经验的一个人,所以我当时认为,出海到中国一定是一件很顺利的事情。

在海外的1号店没有首选北京而是选择了上海,或许是考虑到上海适合开店的地方比北京要多这个原因。萨莉亚的门店比较适合热闹的地方，北京大多是光鲜的大路，适合萨莉亚的热闹的小街区比较少。所以萨莉亚一开始选址的时候就考虑到，如果放弃高租金的一等地段，而是从次一等或者二等地段选址，对于萨莉亚来说，在上海，店址的选择会相对多一些。

虽然话是这么说，但是最终结果实在是出乎意料。本来应该值得纪念的海外1号店的店址竟然相当糟糕，是一个很昏暗的地方，甚至糟糕得让人怀疑，这样的地方会有客人来吗？果然如我所料，基本上没人来。因为是在海外的第一家店，虽然价格定得太高似乎不太好，但萨莉亚还是定了高价。为了引流，在开业那天特意请来了当地很了不起的人物做嘉宾，还请了舞狮队助兴，弄得很热闹，但是第二天却完全没有客人来店。

后来萨莉亚把价格降了一些，却还是没有一点儿反应。在那之后，中国的门店数虽然增加到5家，但每家的状况都离旺店差得很远。最后，一直隐忍的正垣董事长终于爆发了，对我们说："赶快好好地把价格降下来！"就这样，我们听从了董事长一拍脑门的命令，把价格降了60%，后来又一口气降了70%终于大卖，客人接踵而来，门口等座的队伍据说长达100米。

开到20家店还是赤字后的觉悟：忍耐

因为降价了所以大卖，后来我们以同样的价格战略继续开新店，确实顺利地增加了来店人数，但是我们精算了本部的花费以及初期投资后，发现完全是亏损的状态。在上海开了20家店后，我们产生了接下来必须盈利的想法。虽然必须考虑单店盈利，但是以整个公司盈利的角度考虑的话，确实需要形成一定的门店规模。

一般的日本公司会在一两家店做不出利润的时候立刻知难而退。因为除了能够肉眼可见的门店本身产生的成本，还会有总部的成本。不过其实产生亏损也是正常的，反过来想，如果1号店、2号店一开业就盈利，那么附近立刻就会开出其他复制店，萨莉亚瞬间就会被卷入红海。

对于投资的资金消失的状况能忍耐到什么程度，就看每家企业各自的胆量有多大了，忍耐的程度也会决定每家企业完全不同的局面。万幸的是，味之素出身的老领导和我都有着很长时间的海外工作经验，所以不会因为一点点风吹草动就动摇和慌乱，而且，本来萨莉亚也不是一个特别强调"必须出利润"才算立功的企业。虽然日本的本部也会说"早点盈利吧"，但是做不到就是做不到。要盈利就必须先形成一定的门店规模，而且需要一定的时间。

驱逐过分模仿的复制店

萨莉亚降价的决定下达后，店里的客人马上就爆满了，店前也排起了长队。同时，模仿我们的店也立刻出现了。只要有一家生意好的门店出现了，马上就会出现模仿的店，这就是现实。

模仿店过多和在萨莉亚工作过的人是有关系的。客人无论来多少次都看不到厨房、管理方法、培训方法这些背后的东西。如果这些东西被别人模仿，一定是有人为了得到相关信息曾经在萨莉亚短时间工作过，而且有的店竟然会完全模仿我们的价格和菜单。我们还特意去这些店考察过，其实也不能说全部模仿我们，比如装修就比萨莉亚漂亮多了，可以说完全弥补了萨莉亚不愿意在装修上花太多钱的这一缺点。

但是，像这样的模仿店，如果没有一定的门店数量，是不会盈利的。资金能力没有余力的模仿店在通货膨胀的影响下是顶不住高涨的成本的，最后只能提高菜品的单价。结果模仿店只能将价格定在和必胜客一样的价位，但是要知道必胜客的价位在当时的中国绝对不算低。萨莉亚在中国需要将价格维持在必胜客价位的4成左右，就像我在后面会说的一样，在中国做生意需要细微地调整价格，价格的标准要参考必胜客的定价，如果是和必胜客在同样价位的意大利料理店，那一定不是萨莉亚的竞争对手。换句话说，萨莉亚可以说是对普罗大众推广意大利料理的助力者。

关于萨莉亚在中国的成功，我认为资金能力是非常强大的武器之一。

独资进入中国的理由

萨莉亚在中国能成功，确实从一个侧面上可以说是因为在财务能力的较量中获胜了，但是也并不是将资金一股脑地投入就可以。比如，萨莉亚就没有设立加入中国资本的投资性公司（中国的股份公司），所以萨莉亚必须在最初实缴十几亿日元的出资金，如果事业不顺利，资金也撤不出来。

即使是这样，我们也坚持设立了全资子公司，从数亿日元的投资开始，如果不够，再追加数亿日元的投资。只有一点点地扩大投资规模才能控制风险，这样的考虑是合理的。独资出海之前，我们做了大量的功课。当时，除了印尼和泰国，基本上每个国家都认可独资公司进入本国。我们不愿意有中国的资本注入，主要是因为考虑到文化的差异有可能会导致这样的售价无法一直持续下去。我们这么便宜的价格会让我很容易联想到，中国的出资方可能会给我们施压并要求"应该再多赚些钱"或者"应该涨价了"。我也被日本的投资家要求过"再涨点儿价格"。如果是那样，像现在这种定位的餐厅是没法做下去的。从结果上看，也就意味着萨莉亚会失去其最重要的价格优势。

选择二流地段就是便宜的开始

从餐饮生意的角度来看，选址是决定生意好坏的重要因素,但是,萨莉亚起初来到上海的时候,店址几乎都是不太好的地方。虽然是因为租金的问题而无奈选择次一等甚至二等地段,但是现在回过头来看,在中国这样的开店战略是再正确不过的。

最初开的店以大型的、座位数超过200个的路面店为主,但是起初店铺很难有满座的状态,后来降价后瞬间大卖了,才顺利地增加了新店的数量。开店超过100家后,中国顶尖的购物中心才来邀请我们加入,我们可以得到一个很好的位置。随着发展的状况越来越好,我们就有了更好的位置,但是想要那种最好的位置也不是那么容易的,购物中心集团的人就曾经和我说过这样的话:"如果想要1楼入口处的位置,那么萨莉亚也要进入我们其他区域的购物中心。"我拒绝了这个要求,原因是我们还不具备能在中国广大的土地上遍地开花的能力。有这样能力的也只有麦当劳吧,所以麦当劳在任何一家购物中心都是在最显眼的地方开店。

萨莉亚因为具备一定的集客能力,所以会选择二等位置的地方开店,在日本相当于星巴克。能够在购物中心开店了,我们就关闭了最初的大型门店,在其周围的购物中心开了两三家小一点儿的店。就是这样的调整，让门店的数量一点点地增加。

还有这样的声音："仅仅几年就把店关了，没有关系吗？"其实门店老朽化是非常严重的，1号店只过了两年的时间就破破烂烂了。所以，把之前的旧店关闭，搬到购物中心里更好的位置，这是个刚刚好的时机。

高速运转的"关店然后转移"

在日本，通常情况下，一旦开店基本上会持续30年左右，但是在中国，有时一个店不断地转移到新的地方才是合理的。从结果上来看，最初选择次一等或者二等的地段开店和之后的成功是有绝对关系的。如果一开始就选择一等地段开店，几年后就破破烂烂了，那么只能再进行改装，至少要停业3个月。在此期间，还会面临员工离职的风险，那么门店重新开业的时候还得从零开始招人、培训。如果这样，还不如在附近开一家新店，不用停业，员工也不会受到影响，这样就不会产生浪费。

日本的店一般是经营15～20年后才会转移，但是在中国，几年的时间就需要转移，这也符合中国经济高速发展的节奏，而且，其实就连购物中心本身也是个不断诞生新事物、很快淘汰旧东西的世界，当然，其中也有迅速老化的购物中心还残留于世的个例。虽然购物中心本身的客人减少了，但是萨莉亚的集客能力没有变，所以有些购物中心本身虽然已经垂危，却还可以依靠萨莉亚吸引来的客人勉强坚持着。一个有趣的现象是，购物中心里大部分的店铺都已经撤店了，黑暗的楼层中只有一家门店灯火通明，还在营业，而且店里也是座无虚席，那就是萨莉亚。这样的萨莉亚门店真实地存在着，由此可见，萨莉亚竟然如此被中国人喜欢着。

不固定价格，根据通胀做细微的调整

前言提到过，萨莉亚的魅力就是可以让特意坐着奔驰来的和从附近散步路过而来的完全不同目的的客人共享同一个空间。虽然在日本这是正常的事情，但是在中国就完全不同了。日本的客单价是700日元左右（2023年第二季度是796日元），这个价格是最低工资的 70% 左右。也就是说，工作一个小时，不仅能在萨莉亚吃一顿午饭，还能有剩余的钱。晚餐的客单价会更高一些，但是工作一个小时也足够吃一顿晚饭的。

再看看以中国为主的海外市场的客单价，原来大概是 500 日元，但是最近几年急剧上涨，2023 年第二季度已经达到了 869 日元，并且已经超过了日本的客单价。中国最低工资排第一位的城市上海的最低工资是每个月 2690 元（2023 年 7 月修订），排第二位的北京每个月 2420 元（2023 年 9 月修订）。按照 1 元兑换 20 日元的汇率计算，上海是 53 800 日元，北京是 48 400 日元，从最低工资上看，中国和日本还是有差距的。虽然中国萨莉亚的价格很低，但是从工资水平上看，对于客人而言，价格反而比日本还高。

但是和一直不变甚至还有一点儿下降的日本人的工资比起来，中国人的工资收入水平是直线上升的，生活水平也是年年向上的。因为便宜，所以会有客人来，但是如果不顾通胀的变化而一直保持同样的价格，不知不觉中客群就变了，店里会坐满原来不会来的客人，店里的氛围变了，原来的常客也就慢慢地不来了。结果，这个店的氛围就会变得越来越差。

萨莉亚在日本将全国的人都列为目标客群，虽然最初这一点和中国没有区别，但是后来我们发现，在中国好像没有这么简单，所以中国的萨莉亚需要随着人工费和物价的上涨，细微地做出价格调整，因为只有价格和客人生活水平的提升联动起来，目标客户才不会离开。那个时候，作为参考标准的是必胜客的价格调整方式。附近的必胜客在涨价的时候，会将菜单中 40% 的菜品保持原价，这样做是为了留住想留住的客群。因为必胜客是大型企业，所以可以用这样的战略。

为培养下一任总经理而开发的职涯系统

上海开了 5 家店之后终于火爆了，在来店人数开始增长的时间点，我们开始考虑建立事业所的事情。那是 2007 年，萨莉亚在广东的惠州开了新店。当时为什么会选择在广东惠州开店呢？我至今不理解。说起广东省的大城市，有名的除了省会广州，还有经济特区深圳、工业城市东莞。但是为什么会选择在从香港直达对岸的深圳、东莞、广州这些经济圈以外的惠州市开店呢？而且更不可思议的是，萨莉亚又将现地法人公司设置在了离惠州很远的广州市。

2009年我接任总经理的时候，萨莉亚的中国法人公司的日本人基本上是只有总经理的1人体制，后来我把1人体制改成了3个人体制。为什么要做这样的改变呢？因为各个分公司都需要培养下一任总经理。如果从日本派一个完全没有过海外经验的人突然去任职总经理，那是完全干不了的。所以，要在候选者年轻的时候让他们到国外去积累经验，在国外干三年后再回日本工作，在日本再积累两三年经验后再次派到国外去工作。这些派去的人中就会有适合总经理这个职位的人，这就是我做的一个培养人才的职涯系统。

但是，这也会有一个弊病，那就是在国外工作以后再回到日本会觉得日本的工作没有意思，因为在国外有很大的权限，什么事情都可以自己做主，回到日本后，这样的权限就消失了，所以也有在国外干得非常起劲的人实在耐不住日本国内的工作环境而辞职了。初期做过总经理的人已经全部离公司而去了。

让员工趁年轻去积累国外工作经验

这些辞职的人并非都能成功。只要开店的数量顺利增加，销售额也就自然会增加，这样就很容易让人误以为是因为自己的实力，才有了优秀的成绩。虽然这种心情可以理解，但是事实并非如此。为什么这么说呢？因为开店战略其实是区域经理的工作，和那些总经理的关系实际上并不大。其实，比起业绩，更应被看重的一点是，是否可以用经营者的角度去思考问题，但是具备这种视角的人还是比较少的。

一看这些人的工作经历，很多人会因为"当过中国的总经理，而且还做出了这么好的业绩"的事实而对他们给出很高的评价，有几个人去到别的公司也得到了和评价相匹配的地位。到了新公司，开始也都是被周围的人奉承着，但是好多人过了一段时间，也就没什么下文了。

这是有海外分公司的企业中经常会发生的现象，我原来工作过的味之素也是一样，去国外工作一段时间以后，有些人就会陷入我们称之为"海外呆子"的"陷阱"。

我开发的人才培养系统就是为了规避这类问题。我们第一次派去的人很年轻，都是 29 岁的时候拿着调令前往国外工作的，5 年后回来的时候也才 34 岁，即使回国了也可以得到相应的职位。比如，在味之素成为课长就是在 35 岁前后，所以从时机上看正合适。但是，如果把已经成为部长的人派遣到海外，那么回国后基本上还只能是部长。虽然职位没有变化，地位也没有降低，但是工作的职能降低了，权限也随之缩小了，基本上和副部长级别的人持平，这些人就会产生很多不满，变成了典型的刚才说过的"海外呆子"。因为部长级以上的职位是有限的，所以在海外越是历练得羽翼丰满的人，越会觉得自己回来后受到了不公正的对待，甚至工作会变得懈怠。这样的人实际上经常能听说，能看到。

我在味之素的时候，在自己的专业领域里曾经为 100 多人做过职业生涯的示意图。比如，A 先生多大岁数去国外，几年后回国，会在什么部门任职几年，到了多大岁数第二次前往国外赴任，B 先生怎样怎样，这样类似计划的东西。因为有这样的经验，所以我觉得必须给萨莉亚研发一个职涯系统。最初的几年都是我来亲自设计系统，过了几年我就将这件事情全部交给了萨莉亚原本的管理层，但是，马上就又被打回来了，他们说："实在是干不了，都快吵起来了，完全无法收场。"因为大家都是一起从萨莉亚的底层干起来的，难分伯仲，谁也不会谦让，所以大家认为由我来设计是最好的，这个问题在当时确实是个难题，但是，我觉得这只是个习惯的问题，在下一个时代，这个系统一定可以由他们自己来设计。

为了不被别人说"这个家伙到底是来干什么的"

即使是没有海外工作经验的日本人，到了国外，有时也会被安排高于当地员工的职位。这个时候，如果被当地员工轻视，那么很多事情都无法顺利地进行。如果被轻视，就无法有逻辑地说服对方。在日本也是一样的，有些人只会问："怎么样，好吃吧？"但这种试图展示自己能力的行为往往会失败，谁也不希望自己的领导是这样的。

我经常会被问："这个家伙到底是来干什么的？"这个时候，如果不能说出类似"那个人是从日本来的，有这样的技术，在这方面很优秀"这类的话，那么这个人就会被轻视。以前的工作也是一样，工厂里的工人基本以高中毕业的员工为主。这时，公司里突然来了一位大学毕业的课长，员工一定会问："那个人为什么会当课长呢？""我们拿这份工资不是更好吗？"这个时候，如果不能回答出："不，不是这样的，那个人……"那么这个课长就不会被员工信任。这两件事情的道理是一样的。

一般情况下，其实大家都会关心：这个人会给自己带来什么，具体能给我带来什么好处，能给我加薪吗，能给我升职吗，能帮助我提升技能吗，能让我增长知识吗……什么都给不了的人就会被问："你是来干什么的？"被派去海外工作的人经常会被当地工作人员估价，其实有这样的想法正好，如果他们不带着这种紧张感与其对峙，那么你就会被对方轻视，对方也不会听你的话。

有逻辑地说服对方

我在巴西工作的时候有过很多这样的经历。当地的干部都是非常优秀的员工，所以我只要稍微说些模棱两可的话，马上就会被问："为什么？""为什么？""什么意思？"我也被逼得很生气地说："怎么那么多问题，我喜欢这么做不行吗！""这也不行、那也不行，太狡猾了！"因为一直在这样的环境中交流，所以我的逻辑能力得到了相当大的锻炼，也总结出了一些方法。现在我可以在说话的时候尽可能地先明确论点，清楚地说出"是"或"否"，这很大程度上得益于当时的经验。托他们的福，现在我和外国人交涉也没那么辛苦了。

中国人也看对方的逻辑，所以一起去吃饭，自吹自擂一番后，喝了酒就开始说教的这种日本式的交流方式是中国人最讨厌的。中国人的自尊心很强，如果大声呵斥，随意骑在对方脖子上教育的话，对方马上就会辞职。在中国，做兼职的人很少，几乎都是正式员工，如果员工一个一个辞职，要招人也很麻烦。不立威就会被轻视，但过于严厉对方又会马上辞职。从这个意义上来说，很难处理，其实这种情况在哪里都是一样的，和外国人交往需要保持适度的距离感，只能通过积累经验慢慢习惯。

在中国的第一个工厂选在了广州

萨莉亚本来采用的应该是中央厨房供应的形式，在工厂来简化门店操作的工作，这样才能形成成本领先优势。我们也想试试在中国这种做法是否行得通，于是萨莉亚决定在中国广州建立工厂，但是，如果真的投入资金，失败时的损失会非常大，所以我建议以撤退为前提建立工厂。什么是以撤退为前提呢？具体来说，就是不盖房子，去租厂房；不用日本的机器，用中国的。

我们就以这样的前提和想法建立了工厂，尝试了中央厨房的模式。从结果来看，其实不管有没有工厂，都可以有利润。可能是因为我不太会利用中央厨房，也或许因为当地没有熟悉生产技术的人，而且我也不太擅长菜品企划，所以我并不清楚该如何合理地利用工厂展开业务。

但最大的问题发生在完全意想不到的地方。因为是以撤退为前提的工厂，所以不知道在中国会受到什么样的法律和规则的制约，这样尝试建厂也是为了借机试探这样的问题。味之素时代也有过类似的经历，技术支援团队去中国的时候，看到旁边的英国工厂一直没有运转。问其原因，当时他们没有说，这次我们自己也建了工厂，想必我们遇到的是同样的问题。

日本的成功模式很少适用于国外

中国的规则是："先建立工厂，然后雇用员工。在建立工厂的时候，还有'不能出售'的条件。"也就是说，我们只能雇用员工以后，一边生产东西，一边处理东西。所以我们从一开始就尝试了"以撤退为前提"的建厂方针。

味之素之所以能在中国运营工厂，是因为把权限全部交给了当地，自己只提供技术支持。因为是这样的形式，所以马上就能动起来。在外国经营事业，什么样的模式会顺利，不试一下是不知道的。萨莉亚的中央厨房模式之所以会成功，究其原因是日本这个国家比较特殊。之所以这么说，是因为我长年在国外观察发现，日本的城市结构非常独特。国外的许多城市从城邦时代开始就被城墙包围着，城市与城市之间有所谓的缓冲地带，一般都是无人居住的田园，也就是说，每个城市都是零零散散的"点"，而日本的城市之间几乎都有连接的纽带地区。

乘坐新干线的时候你就会明白，除了富士山山麓等部分地区，日本的住宅区是绵延不绝的。这与其说是连接点与点的"线"，不如说是"面"，也就是说，到处都有人居住，所以可以在同一片地区开很多分店。萨莉亚就采用了3000家门店加1个工厂的模式。因为门店能够集中到这个程度，所以成本竞争力非常高。

此外，像海外城市那样"点"与"点"分开的话，配送费就会非常高。因此，1个工厂支持经营3000家门店是不现实的，工厂能够集约配送的范围就会受到限制。也就是说，即使建立了大型工厂，也很有可能无法满足门店的需求。照搬日本模式行不通的原因还不止于此，广州的工厂建在广州和惠州之间地租便宜的工厂地带，但广州对货车有交通管制，因此只能夜间送货。在上海和北京，交通管制的程度还会进一步增加，为了缓解交通拥堵，根据车牌末尾的号码，分为配送卡车可以进入的日子和不能进入的日子。因为存在着各种各样的问题，所以以工厂为中心的萨莉亚模式在中国很难行得通。

如何制作"黑匣子"以防止技术被盗

萨莉亚在中国没有发挥出在日本的优势,那么,它是如何变得强大的呢?原因有很多,一个原因是,一旦规模变大,食材厂家就会根据我们要求的规格生产产品;另一个重要原因是,我们知道了如何制作黑匣子。如果把食材生产全部委托给一家企业,技术、经验和配方就可能会被盗取。如果把流程分开,原料A从这里采购,原料B从那里采购,这样外部就看不见全部的内容了。萨莉亚在澳大利亚的工厂自制白色酱料之前也是这样做的,白色酱料的原料从A公司采购,稀释的材料从B公司采购,然后在各门店混合。混合比例和工艺是企业机密。如果连搅拌的部分都委托给别的企业去做,产品成本中包含的人工费就会上升,而且因为别的企业也有利润率,所以比自己做成本要高。

因此,尽可能采购原料,由自己进行加工,这样做就能降低成本。但是,在日本,比起让各门店自己加工，在工厂集中加工更便宜，因为相对于客单价，人工成本的占比过高，所以有必要削减这部分成本。

中国的人工费虽然比以前提高了，但相对于客单价来说还是很低的。因此，即使成本稍微上涨也没有问题。规模增大，相应的人工费也会增加，经济增长也会提高工资水平，但由于人口基数大，所以采购成本会降低。只要掌握好这个平衡，就可以把门店当作组装工厂，分别采购零件。

关于管理费是怎么考虑的

2008年，我们在中国的北京、台湾、香港以及新加坡等地区和国家都开展了业务，可以说亚洲业务已经步入正轨，并且已经开始获得一定的利润，于是我们开始收取管理费。否则我们会被日本的国税厅盯上。从税务当局的角度来看，通过海外业务赚取的利润如果不返还给国家，就等于没有计入销售额。在他们看来，本来可以征收的税却收不到，那是绝对不被允许的，所以他们认为收取管理费是理所当然的。

但是，从当地法人的角度来看，过高的管理费就好像别国的人抢走了自己的利润一样，所以很容易抱怨。要平衡这两点是极其困难的，但至少要防止当地员工失去干劲。所以，重要的是尽可能降低管理费的比率。像美国迪士尼那样以收取海外管理费为收益支柱的商业模式的公司就另当别论了。萨莉亚在当地创造的利润返还给当地才是正道，因为海外的工作人员并不是为了日本人而工作的。

为了证明这一点，我强烈要求会计将海外的利润全部用当地货币存入银行。也就是说，在中国大陆赚的钱保持原来的样子，其他地区和国家也分别以新台币、港币、新加坡元存入银行，如果当地工作人员怀疑，就拿出存折。这样一来，一眼就能看出日本没有擅自"抽掉"利润。不知道现在怎么样了，但我当总经理的时候是这样做的。

第 7 章

保障员工的安全是第一位的…

东日本大地震和新冠疫情的危机管理

地震发生前的防灾训练

2009 年我接任总经理时，萨莉亚的防灾对策还停留在最低标准，我想大多数员工都不知道发生灾害的时候应该去哪里避难，但是对于曾在味之素负责化学设备的我来说，事故是随时可能发生在身边的。味之素在每年的防灾日都会进行防灾训练，会假设我们管理的区域发生了煤气泄漏事故进行应对训练，大家会与穿着防护服的消防员一起进行正式训练。当时的指挥官是我，我在下达各种指示的时候被公司内的摄像小组密切追踪，紧张得舌头都硬了，简直是一次羞耻的经历。后来听说,有我的镜头几乎都被剪辑掉了。

在这样的日常训练中,会通过电话确认全体成员的安全、受灾状况、对策指示等。可能有人会想偷偷地躲起来,不参加训练,但是很容易因为电话联系不上而暴露,所以没有任何一个人能以忙为借口偷懒。因为有过这样的经验,所以我认为萨莉亚也有必要为紧急情况做准备。我们引进了味之素公司采用的"防灾卡"。防灾卡是写着灾害发生时应该采取什么行动的卡片,根据灾害的程度和各自的职务用颜色区分。例如,收到白色卡片的人"确认安全后立即回家,在家时一定也要保持随时可以上班的状态",收到红色卡片的人"留在岗位上"等。

2010年1月,萨莉亚派发了新制作的"防灾卡",然后依次在全日本范围内的门店进行了首次防灾训练。所有训练已经结束的报告到我这里的时候是2011年2月,3月11日的星期一就发生了东日本大地震。

东日本大地震中一个受伤的员工都没有

当时碰巧萨莉亚刚刚完成防灾训练,一想到之前竟然什么防灾训练都没做过，我就不寒而栗。地震发生后，我们迅速确认了员工的安全情况，包括临时工和兼职员工的家属在内，没有一个人受伤。后来我才知道，其实发生了两件险些危及生命的危险状况，不过都成功避开了，真是不幸中的万幸。

一件事发生在某购物中心的门店里。地震发生后，根据购物中心的指示，大家到屋顶避难，虽然遭到了巨大的海啸袭击，但当时大家都在屋顶上，所以平安无事。地震发生后，一个兼职的男性员工担心家人，想开车回家，被店长拦住了，如果就这样让他回去的话，后果不堪设想。之后，大家与在其他地方避难的家人取得了联系，所有人都平安无事。

另一件事发生在福岛工厂。氨罐发生了气体泄漏，我接到电话说工作人员去阻止泄漏了。我一听，倒吸了一口凉气，氨气不仅有毒，而且易燃，如果在拧紧螺栓时火花飞溅，则有立刻着火并爆炸的危险。福岛工厂配备的应该不是防爆型（金属部分被树脂等覆盖，不会产生火花）的工具，想到这里，我吓得脸色发青，但结果没有发生爆炸事故，因为那个员工用扳手沾水之后拧紧了螺丝，这是防止火花迸发的智慧。我由衷地感谢了解这些知识的员工。

几天后，我们确认没有人员伤亡。保住了员工及其家属的性命，这一点非常重要。只是萨莉亚遭受了相当大的财产损失，几家门店被水淹没，某店长在门店屋顶目送刚买的新车被海啸冲走。几天后，我去那个停车场看了看，那里只剩下了几道轮胎痕迹。汽车并不是漂浮在水面上被冲走的，而是在巨大的水压下被拖动的。也有保险箱被冲走的门店，后来找到的保险箱不知为何门是开着的，里面的东西也没了。

顺带提一句，后来我再也不能发布全公司防灾训练的指令了。大家说："总经理发出防灾训练的指令，就有可能再次发生地震，所以不允许你来下命令了。"这是一个笑话，但之后我确实从这件事情上完全脱离了，因为公司设立了专门的防灾部门。相关部门下达了制作地区防灾地图的指示，这样做是为了识别附近的危险物和可以避难的高处，这个地图每年都会更新。

从智利的铜矿坍塌事故中学到的

地震当天，我正在横滨的关内召开公司内部研讨会。关内原本是填海造地的地区，所以地基非常薄弱，我亲眼看到地面在剧烈的摇晃中起伏。会场附近的酒店一楼有一家萨莉亚的店，所以我们先逃到了那里，然后立刻联络总公司总务部长，指示成立地震指挥部。总部的董事接受了指挥部部长的职务，我把后面的工作暂时交给他后，从关内徒步回到了家。

回家后，我一边看电视收集信息，一边打电话向各处发出指示。一开始主要是确认员工及其家属的安危和受灾情况，几天后大家都没事了，接下来考虑的是如何让他们的心态稳定下来。于是，我立刻指示门店重新开始营业。面对前所未有的大惨案，我没有想现在开店会不会太早了，即使现在重新开店也不会有客人上门这些问题。我当时唯一想的是，他们现在需要的是有自己要做的工作。

我脑海中浮现的是前一年在智利发生的科皮亚波铜矿坍塌事故。33名工作人员被困在地下深处的坑道里，在长达69天后被救出，全员生还，创造了人类营救史上的奇迹，全世界都以惊讶和喜悦的心情迎接了他们的重生。工人们持续2个多月呼吸困难，因此凿出了一个通风口来解决氧气不足的问题。据报道，被关在封闭空间里还能保持头脑清醒，是因为同伴之间互相支持，而且每个人都被赋予了角色并完成了各自的任务。

我原本负责工厂，所以对危机管理比一般人更敏感。油箱内有气体排出可能导致缺氧的危险、被卷入发动机的危险经常与我相伴，所以作为一个肩负守护大家生命安全责任的人，我养成了将各种信息记在脑子里，经常进行模拟实验的习惯。关注智利铜矿坍塌事故，也是因为平常我就有这样的意识。

有可做的事情，人就会保持正能量

正因为如此我才确信，在这种特殊时期，人们更需要工作。不断地完成眼前的工作，完成自己被赋予的任务，让当地的人早日吃到美味的饭菜，恢复正常生活。有了这样的目标，人就能积极地生活，忙到没有时间烦恼，至少能分散注意力。而且，比起躲在家里或避难所，到店里和同事们聊聊天，心情也会变好，吃店里做的热腾腾的饭菜，也会有精神。

各地正在修复因地震和浸水而变得乱七八糟的门店，为了早日恢复营业，我们要求总部的成员作为救援队进入灾区，运送灾区短缺的物资并进行现场支援。电视连续几天报道了灾区的悲惨状况，我们本以为有的工作人员会犹豫不决，没想到竟然有人争先恐后地报名说"我要去"，这让我很高兴。萨莉亚本来就是一个乐于助人的团体。

毕竟是非常时期，只要在挡风玻璃上贴一张写有"救援队"的纸，高速公路就可以自由通行。根据受灾地短缺物品的清单，装满了紧急物资的车一路飞驰送到店里，临时工们也到店里来分发物资，其实也不是非要让他们来，重要的是想让他们觉得，只要到店里来，心里就会很踏实。

开始在被海啸侵袭过的地里种番茄

震灾过去一周后，被海啸侵袭的田地该怎么办呢？田地因为受到了盐害，所以暂时无法种植稻米，这样受灾地区的农家就很可怜。我在思考能不能帮点儿忙的时候，产生了用种番茄代替种稻米的想法。番茄本来就耐盐害。如图 7-1 所示，用花盆栽培番茄也是可以的，这样可以带土来种，与土壤中的盐分就更无关系了,也几乎不会受到辐射污染的影响。基于这样的想法,我做了很多调查,发现仙台并没有番茄产业。于是我就向仙台市政府提出了:"为了支援灾区,我想种植番茄,能借土地吗?"市政府回复:"非常感谢您的提议,不过遗体的回收工作还没结束,请允许我们优先处理这件事。"等了几天,市政府打来电话说:"这里的土地不能直接种东西。"所以后来我们就借了1公顷的土地用来搭建种植番茄用的大棚,第2章提过,福岛的农场里有很多搭建大棚的高手,所以我让他们去仙台搭建大棚,并且邀请仙台当地的年轻农民一起种番茄,有几个人参加了,我把他们收为了研修生,

图7-1 盆栽栽培的番茄

他们开始种植番茄。最后留下来的人至今仍从事着番茄栽培事业，使其成为新的产业。

补充一点，我们建造的番茄大棚周围的稻田，在那之后很快就恢复了水稻种植。因为原本就没有浸水，所以受到盐害的影响也比较小。

在受灾地开店，创造了新的就业机会

我们考虑的另一个问题是，希望在受灾地区创造就业机会。现有门店的员工都在忙碌地工作，他们为了重新开业而四处奔走。我考虑开新店，而且是在其他公司撤离的地方积极开设分店，希望可以给受灾地区注入活力。基于这样的意图，虽然当时开店的条件并不是特别理想，但我们也敢于开店。董事会确实想要控制成本，减少花费，做好经营不善撤退的准备，但是，当时最重要的是那里要有工作，所以在短时间内开店是有意义的。

在这个想法的基础上，我指示他们在开店之前一定要招待当地住在临时避难所里的人们，让大家开心，这对我们来说就是最好的奖赏。但是，开业当天，来店里的人都东张西望地问:"媒体在哪里?"为什么会有这样的反应呢?因为当时为了支援重建,很多人作为志愿者进入当地,其中也有一些人只是以支援为名,最终目的是宣传自己。当然我们没有这个打算,所以也没有事先通知媒体,只是以"很好吃,所以请多吃点儿""尽情享受热乎乎的饭菜吧"这样的本心做这件事,我们的行为也赢得了当地人的信任。

开业的门店中就有永旺多贺城店。该店有一位常客,这个人就是后来领导萨莉亚信息系统部门的T先生。灾区因为电力不足而实施节电,笼罩在黑暗气氛中的灾区,只有萨莉亚的店内,大家都在愉快地用餐。"这到底是一家什么样的公司呢?"抱着这样好奇心的T先生实际上是一位非常优秀的系统工程师,同时也是一位数据科学家。在AI时代,作为抢手的人才,T先生最后竟然选择了进入萨莉亚,真是幸运。如果没有他,萨莉亚的信息系统将会与现在完全不同。

最早开始应对新冠疫情

2020年1月中旬,日本国内出现了首个新冠感染者。2月初,大型邮轮"钻石公主号"在横滨靠港,疫情暴发带来了前所未有的混乱。最初,日本只是以防止病毒进入国内的边境政策为主,但萨莉亚采取了更多的措施,而且行动很快。此外,萨莉亚在中国开了很多店,为了保护当地员工,我们决定在日本相关物资断货之前购买口罩和消毒酒精运往中国。因为是大量的可燃物,所以运了一批以后我们就无法运送酒精了。那时酒精在中国国内属于急需物资,萨莉亚的提前行动避免了当地员工口罩和酒精的短缺。

我从一开始就知道口罩的重要性,因为在味之素搞研究的时候,我研究过病毒,所以知道病毒的特性。虽然也有接触感染的宣传被大肆报道,但是空气传播是主要原因,只要做好飞沫传播的防护措施,也就没有大问题了。

日本国内口罩严重不足的时候,我们把工厂里的口罩分发给了所有门店,而且连洗口罩的方法都亲自指导大家,这样能让口罩反复使用几次,当时真是想尽一切办法维持库存,渡过了难关。

保护员工免于感染

对于与客人打交道的员工来说，难免产生被感染的恐惧。要尽可能减轻他们的负担，就必须想尽办法让他们尽量不和客人说话。首先，借着在4月7日宣布进入紧急状态（范围最初为东京都、大阪、兵库、福冈等地）这一机会，我们决定让300家门店停业一整天，让员工休息。本来就害怕感染，再加上疲劳累积，免疫力就会降低，风险就会进一步提高。购物中心通常会因为入驻商家随意休息而生气。虽然我们这次的停业也被抱怨了，但是购物中心还是免除了部分房租。我认为让员工休息是最好的保护他们的方法。所以从那以后，我们停止了夜间营业，酒精类饮品也限制在一杯以内。因为喝醉了就会大声说话，飞沫四溅，所以我们就禁止续杯了。但是，禁止续杯之后，客人会直接点一瓶1.5升装的大瓶酒，这也让我们很为难。

5月开始，所有门店每个月我们都设置了休息日，并在桌子上设置了隔板。另外，为了让客人能愉快地聊天，8月开始，每个门店都会有口罩和纸巾。我们还发明了用餐巾纸制作的简易口罩,并命名为"可以说话的人"。很多人抱怨道:"怎么可能戴这种东西!"但其实我们想传达的是"在店里尽量不要摘下口罩"的信息。

手写点餐和手机扫码点餐相结合的方式

手写点餐也是为了让顾客不用开口说话。把订单号写在纸上,员工就不用和顾客对话了。

另外,我们也对菜单价格进行了调整,把零头去掉,都改成了整数,因为这样可以尽量缩短结账的时间。米兰肉酱焗饭的含税价从 299 日元调整到了含税 300 日元,这样结账就会非常顺利。如果价格没有零头,就可以简单地计算自己吃了多少,所以组团来店的顾客,全员一起支付的情况增加了。如果价格有零头,算着麻烦,也会有零钱找不开的情况,所以一般大家均摊的时候都在收银台前申报自己吃了什么,然后各自支付自己的花费。如果价格没有零头,大家在收银台前停留的时间就大大减少,语言交流也只需要最低限度的寒暄。

越来越多的连锁企业导入了触摸面板的点餐系统，但成本很高，而且因为要触摸液晶面板，所以会带来擦拭消毒的麻烦，萨莉亚也因此放弃了使用触摸面板的点餐系统。没想到手写点餐方式带来了意想不到的好处。2023年，我卸任总经理之后，萨莉亚开始采用智能手机自助点餐的方式。顾客用各自的智能手机读取QR码，选择人数后，只需将纸质菜单上显示的桌号输入智能手机即可点餐，操作极其简单。

菜单依然使用纸质菜单，设备使用顾客自己的智能手机，所以萨莉亚只需准备智能手机应用程序，比门店固定的触摸面板便宜得多。既然功能相同，当然是越便宜越好。成本领先战略中以"便宜"为优势的公司，最重要的就是不花钱。如果平时不贯彻节约的意识，成本很快就会上升。如果只是因为周围的人都导入了触摸面板就盲目跟风，总有一天会无法承担系统开发的成本，然后不得不涨价，最后就会无法维持成本领先的地位。

顺便说一下，主导这个应用程序开发的就是因为东日本大地震而来我们公司的那位超级工程师，所以我总认为萨莉亚在这方面是受到老天的眷顾的。

公司不能提供让人犯罪的机会，不要让员工成为犯罪分子

我经常说的是，不要让公司里出现死者和犯罪分子。不出现死者，是指不发生死亡事件，防灾对策就属于此类。"不出现犯罪分子"是指不让员工成为犯罪分子，并保护员工免受犯罪行为的影响。

关于这一点，我们导入了自动找钱机，取得了显著的效果。以前，门店关门前，员工会清点现金。从外面可以窥视到店里员工数钱的样子，如果有强盗闯进来就会很危险。但更大的问题是，店里的钱经常会消失。公司再怎么推崇性善论，如果直接接触现金的机会多了，也不能保证所有人都没有鬼迷心窍的瞬间。

发生这种事与其说是向店里伸手的店员的问题，不如说是资金管理机制的问题。眼前挂着诱饵，与其被偷了之后再找偷盗之人，还不如一开始就不让其看到诱饵。为此，自动找钱机应运而生。启动自动找钱机，清点现金的工作瞬间就能完成，还能留下准确的

记录。只要把现金集中放进保险箱,发生风险的时间就会非常短。这样一来,就不能随心所欲地拿现金了。从这个意义上来说,自动找钱机的引进是非常成功的。

最近,无人销售点越来越多。经常能看到空无一人的店铺"物品和现金被盗"这类"岂有此理"的新闻。但在我看来,开一家能够让人偷东西的店才是不对的。没有人监督商品和货款,要负责的应该是监管不力的卖方。把物品摆放在没人的地方,就会有人忍不住想拿。换言之,这是一种专门制造犯罪分子的机制。

与此相同,我认为公司应该避免将本应保护的员工变成犯罪分子。

保护员工,不保护总经理

保护员工在萨莉亚是理所当然的价值观,但是,看看其他公司就会发现,有些公司错误地认为员工不是应该保护的对象,而是用完就可以随意抛弃的棋子,保护经营者才是最重要的课题。

我经常说的是,绝对不要保护经营者。要保护员工、保护顾客,就是不能保护经营者。如果一味地保护总经理或董事长,公司就会倒闭,因为没有哪家公司是不顾员工和顾客而生存下来的。虽说员工和顾客都需要保护,但不首先保护员工,就保护不了顾客,因此,最先保护的一定是员工。

当公司出现问题时,进监狱的一定是经营者。这么一想,为了保护自己,经营者只能采取正确的行动,我认为这是经营者的责任。

"开什么玩笑"发言的真相

2021年1月13日的财务报告发布会上,我在各位投资人面前,针对前一天负责经济重建的官员西村康稔公布的自觉缩短午餐时段的营业要求说了一句"开什么玩笑",其实是为了破冰,事实上,从当时的视频来看,我脸上带着笑容,周围也传来了笑声。但是,这句话被断章取义地剪辑了下来,并且引起了轩然大波。

本来已经形成了让人们减少外出就餐的氛围,日本政府又接二连三地要求缩短用餐时间,导致营业额大幅下降的餐厅不得不因为"体力不支"而关门或撤店。其实，当初大型连锁店短时间内被排除在自觉缩短用餐时间的对象之外，但是没过多久，相关官员还是提出了用餐时间要缩短的要求。一气之下，我对政府提出了"开什么玩笑"的抗议。有一段时间，只要搜索我的名字，就会出现"开什么玩笑"的报道，但我的本意完全不是那样的。倒不如说，在这件事上，我脑海中浮现的是餐饮产业缺乏话语权的问题。

餐饮业是此次新冠疫情中受影响最严重的行业之一。因为餐厅和音乐展演空间等地方被怀疑是接触传播和飞沫传播的重要场所，我认为这也是因为餐饮界没有力量，业界团体也没有汇集意见向政府争取权益。如果相应地争取了权益，应该能看到不一样的景象吧。

为什么餐饮界没有发声的能力

比如，日本餐饮业的市场规模大约是30万亿日元，丰田一家公司的销售额就有43.5万亿日元（2024年3月期）。整个餐饮业合在一起的总额也比不上丰田一家公司。这样小的市场，上市公司也不过100家左右，加上个体餐厅，大约也就上万家商家在竞争。餐饮业的老板都是一国一城的老板，一群独狼，本来就不擅长抱团向政治家和监督机构发声，而且，作为这个行业的常态，周六和周日基本上都有工作，所以不能去参加选举的人也很多。但是，日本在餐饮业工作的人数大约有400万人，是相当多。如果这些人团结一致投票，会成为巨大的力量，政治家也不能忽视。

我经常举的例子，是李欧·李奥尼所作、谷川俊太郎翻译的绘本《小黑鱼》（好学社，1969年）。即使是一条条很小的鱼，聚在一起装成大鱼游泳，也能对抗大鱼。同样，如果餐饮业的人齐心协力，其实能发挥出更大的力量。

无边界的思考

市场竞争虽然是正常的，但只守着一小块蛋糕没什么意思。在类似新冠疫情的紧急情况下，与其打消耗战，最后大家都很疲惫，还不如相互合作，把蛋糕做大。为此，我认为应该有一个机制，将各自的技术公开，让整个行业都能利用这些技术。消除竞争壁垒，携手合作，这就是橄榄球中的"no side"（无边界）思维方式。因为我是发起者，所以我想成为第一个模范，把我在萨莉亚发明的技术公开，另外成立了一家公司，供业界的各位使用。以小黑鱼为例，我希望萨莉亚也能像小黑鱼一样，成为大鱼的"眼睛"。

该技术就是排水系统。

餐厅的结构受到排水系统的很大限制。为了将废水从厨房排出，需要有落差，油水分离机的高度约为30厘米，因此整个地板必须提高30厘米。于是，在店里操作的人要每天上下几次，据说一年下来的负担可以用爬几次富士山来计算。我一直抱着怀疑的态度去看油水分离机。我在味之素工作的时候，留意过工厂的排水，与之相比，感觉餐厅的排水系统很奇怪。实际上，由于油水不能很好地分离，所以有时会导致管道堵塞从而发生液体泄漏。我们被购物中心骂大多也是因为液体泄漏，因此我改变了整个系统。

这项技术并不需要抬高地板，地板采用扁平化结构的结果最终令门店的搭建费用也大幅降低。我们开放了这项技术，受到同行的好评，很快就有好几家公司来询价。顺便说一句，这项技术的基础机械都是从英国进口的,而制造这些机械的是一位岁数很大的老人经营的小公司,购买太多的话,很快就会断货,所以需要早下手,感兴趣的人可以搜索"油脂分离机"。

后 记

回顾13年的总经理生涯

自从2022年辞去萨莉亚总经理的职务，已经过了一年半的时间。现在我想告诉大家的是，"当总经理很快乐"。这并不是因为自己可以退休的安逸而说的话，倒不如说，是因为自己可以承担所有责任的轻松感而想说的真心话。

2009年，我就任总经理最初的3个月，因为焦虑而心情低落，但当我意识到，即使失败，消失的也只有身为总经理的自己之后，反而变得轻松了。我当总经理的时候，看到我的人可能会说："您怎么总是在生气呢？"不可否认，我确实有过"为什么你们总是做不到呢"这种想法，但如果我总是表现出生气的样子，那肯定是有理由的。

正垣董事长对我说："你只要变成仁王就行了。"日本寺院的山门都会配有"阿形"像和"吽形"像组成的仁王像，它们的形象总是很生气。也就是说，董事长是寺院的"佛"，我是守门的"仁王"，所以总是生气的状态是可以的。在上司一生气，马上就会被控诉成"职权骚扰"的社会常态中，或许这种做法已经没什么用了，虽然表面上看起来我总是不高兴，但是我还是一直很认真、积极地享受着总经理的工作。

不管结果如何，想做的事情就去做。失败了，自己辞职就好，自己承担责任，真的很轻松。相反的是，自己无法承担责任时，就会心情沉重。明明是自己的失败，却要别人来承担责任，这是非常可悲的，是难以忍受的痛苦。作为总经理的我没有这种担心，如果失败了，自己辞职就好了。正因为如此，我才能自由地接受各种挑战。有人说当了总经理很痛苦，我怀疑他真的是发自内心这么说吗？

当总经理的时候，我在公司工作到比谁都晚。大家说着"总经理,我先走了",然后我目送他们的离开。如果我比谁都晚上班,比谁都早回家,到处游玩,一定会引起大家的反感,但我并没有那么做。所以至少大家应该会觉得,那家伙也在拼命工作。外来的我当上了总经理,可能会招致某些人的怨恨,但是我从来没有正面遭到过任何反对。

书的前言中提到,"公司没有内部斗争"也是萨莉亚成为创造奇迹的公司的原因之一。我不是专业人士,而且只会生气,公司里竟然没有人想要除掉我,这也是萨莉亚创造奇迹的证据之一。当然,阻止这些行动的,毫无疑问是正垣董事长,因为有董事长的支持,我才能自由自在、发自内心地享受总经理的工作。

担任总经理期间,我看到了各种各样的事情,对此进行了思考,并将思考的东西具体化。这种快乐是任何东西都无法替代的。观察,观察之后思考,思考这件事谁都能做到,但将其具体体现在数亿日元、数十亿日元、数万人的规模上,是在其他地方绝对得不到的宝贵经验。

当总经理的乐趣如果只有我一个人享受,那就太可惜了。这么一想,我认为把总经理工作的乐趣传达给大家是我的使命，所以有了本书。希望本书多少能为大家的工作或生活提供一点儿参考。

最后，能够长期担任总经理一职，完全是托各位顾客和员工的福。真的非常感谢！

2024 年 4 月

堀埜一成